城市建设档案著录原理及示例

周健民　姜中桥　编著

中国建筑工业出版社

图书在版编目（CIP）数据

城市建设档案著录原理及示例/周健民，姜中桥编著. —北京：中国建筑工业出版社，2005
 ISBN 7-112-07402-9

Ⅰ.城... Ⅱ.①周... ②姜... Ⅲ.城市建设–技术档案–档案编目–中国 Ⅳ.G275.2

中国版本图书馆CIP数据核字（2005）第043694号

城市建设档案著录原理及示例
周健民　姜中桥　编著

*

中国建筑工业出版社出版、发行（北京西郊百万庄）
新　华　书　店　经　销
北京建筑工业印刷厂印刷

*

开本：850×1168毫米　1/32　印张：6　字数：167千字
2005年7月第一版　　2005年7月第一次印刷
印数：1—4,000册　　定价：**13.00**元
ISBN 7-112-07402-9
（13356）

版权所有　翻印必究
如有印装质量问题，可寄本社退换
（邮政编码100037）

本社网址：http://www.china-abp.com.cn
网上书店：http://www.china-building.com.cn

本书是为配合《城市建设档案著录规范》GB/T 50323—2001 的顺利实施而编写的。开篇简要介绍了城建档案著录的意义、基本原理及一般规则，并对该规范产生的背景、制定过程及必要性作了阐述。其后用大量的章节讲述实际工作中如何运用规范对工程档案（包括房屋建筑工程、基础设施工程、城市管线工程、建设工程规划管理、建设用地规划管理、通用城建档案工程）进行准确的著录，并附以格式示例，对从业人员有着现实的指导作用。最后对城建档案著录的发展趋势作了预测。书后还附了《城市建设档案著录规范》(GB/T 50323—2001)。

读者对象：城建档案管理人员及工程资料管理人员。

* * *

责任编辑：孙玉珍
责任设计：崔兰萍
责任校对：刘　梅　孙　爽

前　言

　　信息化水平已成为衡量一个国家和地区现代化建设程度和综合实力的重要标志。党的十六大报告中明确提出"大力推进信息化，加快建设现代化"，"推进电子政务"。从档案事业来看，为适应国家信息化建设的需要，档案信息化建设也在加快步伐。2001年，建设部和原国家质量技术监督局联合发布了国家标准《城市建设档案著录规范》（GB/T 50323—2001），2004年建设部印发了《全国城建档案信息化建设规划与实施纲要》，全国城建档案信息化建设工作已全面启动。

　　档案著录是档案信息化的基础性工作，是实施档案存储数字化、检索自动化、利用网络化的前提，对构建全国统一的城建档案信息数据库，实现城建档案信息资源共享的目标，具有十分重要的意义。

　　《城市建设档案著录规范》（GB/T 50323—2001）发布三年多来，各地在实施过程中，普遍感到对著录工作的基本原理缺乏深入了解，对著录层次、著录格式、著录类别等有关内容难以掌握，具体操作流程也不便确定。为了使广大档案工作者更加透彻地理解城建档案著录工作，熟练掌握城建档案著录业务，便于实际操作，我们编著了这本《城市建设档案著录原理及示例》，以飨读者。

　　由于我们水平、能力有限，《城市建设档案著录原理及示例》的编著中不妥之处在所难免，希广大读者批评斧正。

目 录

第一章 概述 ……………………………………………………… 1
    第一节　著录与档案著录 ………………………………………… 1
    第二节　城市建设档案著录规范的产生 ………………………… 7

第二章 城市建设档案著录的基本原理 …………………………… 17
    第一节　城市建设档案著录的意义 ……………………………… 17
    第二节　城市建设档案著录的基本原理 ………………………… 18
    第三节　城市建设档案著录的一般规则 ………………………… 22

第三章 工程（项目）级档案著录 ………………………………… 44
    第一节　房屋建筑工程档案工程（项目）级著录 ……………… 44
    第二节　市政基础设施工程档案工程（项目）级著录 ………… 56
    第三节　城市管线工程档案工程（项目）级著录 ……………… 61
    第四节　建设工程规划管理档案工程（项目）级著录 ………… 65
    第五节　建设用地规划管理档案工程（项目）级著录 ………… 71
    第六节　通用城建档案工程（项目）级著录 …………………… 76

第四章 案卷级著录 ………………………………………………… 91
    第一节　案卷级著录细则 ………………………………………… 91
    第二节　案卷级著录格式与著录示例 …………………………… 98

第五章 文件级著录 ………………………………………………… 101
    第一节　文件级著录细则 ………………………………………… 101
    第二节　文件级著录格式与著录示例 …………………………… 107

第六章 声像档案著录 ……………………………………………… 110
    第一节　声像档案著录细则 ……………………………………… 110
    第二节　声像档案著录格式与著录示例 ………………………… 116

第七章 著录的组织 ………………………………………………… 119
    第一节　著录的组织与管理 ……………………………………… 119
    第二节　著录人员的素质与培训 ………………………………… 125
    第三节　著录的质量控制体系 …………………………………… 127

第八章 城市建设档案著录标准的应用 …………… 132
 第一节 城市建设档案著录规范的应用 …………… 132
 第二节 城市建设档案著录的发展趋势 …………… 140
参考文献 ………………………………………………… 144
附录 《城市建设档案著录规范》 GB/T 50323—2001 …… 145

第一章 概 述

第一节 著录与档案著录

一、著录的由来

1961年10月,在巴黎召开了由50多个国家和地区的代表参加的国际编目会议,会议讨论了著录的基本原则,并取得共识,形成了著名的巴黎原则。根据这个原则许多国家修改了本国的著录与编目原则。从此,国际文献目录著录开始走向标准化、一体化的发展轨道。《国际标准书目著录》(ISBD)(International Standard Bibliographic Description)就是在这一背景下产生的。

1969年在丹麦哥本哈根召开了国际编目专家会议,起草了ISBD的第一个推荐稿本,作为巴黎原则的具体体现。1976年8月在瑞士洛桑通过了ISBD(G)总则,规定了ISBD系列都必须共同遵守的基本原则。至今,《国际标准书目著录》(ISBD)系列已经包括了以下的内容:

ISBD(G)(General)总则
ISBD(M)(Monographic Publications)专著
ISBD(S)(Serials)连续出版物
ISBD(A)(Antiquarian)古籍
ISBD(CM)(Cartographic Materials)测绘资料
ISBD(NBM)(Non-Book Materials)非书资料
ISBD(PM)(Printed Music)印刷乐谱
ISBD(CP)(Component Parts)组成部分
ISBD(CF)(Computer Files)计算机文档

ISBD的主要目的是为图书馆、情报机构以及档案馆等文献部门所有类型的文献提供统一的著录原则，即统一的著录项目，统一的著录顺序，统一的著录符号，统一的著录格式，使这个原则能够在各种用途的目录中得到使用。

　　ISBD 使不同来源的文献目录和类型交叉的文献目录具有互换性，使手工目录可以向机读目录转换，使任何语种的目录都不受其语言障碍，直接为用户所识别。

　　ISBD 有三个主要特点：（1）综合性和通用性；（2）数据单元的固定顺序；（3）使用统一的标识符号来区分不同的目录数据单元。每种特定的 ISBD 标准都考虑了所有的必要性来确定各有关文献著录信息的位置，以满足不同目录的使用要求。各个国家的文献部门都需要有一个完整的 ISBD 系列，以协调各个文献机构的编目工作，使各个文献机构可以只选择它们的目录中需要使用的某些 ISBD 的著录单元。ISBD 有严格的标记符号来区别目录记录中的不同数据单元，每个特定的标点符号（除逗号和句号外）前后都留有空格来区别各个单元。例如在文献题名后使用空格、斜线、空格，然后再著录责任者。由于目录记录中能使各个单元区别开来，因此相对来说容易识别外语款目，使语言不再成为识别目录记录的障碍。

　　ISBD 制定后，美国 1974 年接受了它，英美编目条例根据 ISBD 原则进行了修改，其他国家也逐渐接受了它。它已被翻译成多种语言的稿本。1974 年，ISBD（M）（国际标准文献目录著录纲要）被国际标准化组织（ISO）批准为国际标准。

　　ISBD 被广泛接受足以说明其影响之大。使用 ISBD 给目录的计算机化带来了很大的方便。ISBD 标准化的标识符号考虑了数据单元的机器编码，减少了转化成机读目录所要求的标识工作。计算机编目程序能自动识别 ISBD 的标识符号，并且适用于所有语言。ISBD 还为通过计算机网络实现联机检索、数据互换提供了方便。ISBD 虽然不是编目规则，却是任何编目规则都需要、都能使用的著录原则。通过专门的标识符号及其在目录记录中的位置，能够很容易地识别著录信息，这说明 ISBD 具有排除数据通信中语言障碍的能力。

改革开放以后，我国文献部门开始遵循向国际标准 ISBD 靠拢的原则，在认真研究我国文献著录基本情况的基础上，参照 ISBD 体系设计了中国文献著录的标准系列，并于 1984～1986 年间制定和发布了一系列的国家标准：

《文献著录总则》GB3792.1—84
《普通图书著录规则》GB3792.2—85
《连续出版物著录规则》GB3792.3—85
《非书资料著录规则》GB3792.4—85
《档案著录规则》GB3792.5—85
《地图著录规则》GB3792.6—86
《古籍著录规则》GB3792.7—86
等等。

其中包括了档案著录规则。

二、档案著录的发展

正是由于 ISBD 具有使文献目录标准化、一体化的特点，以及适应现代管理需求的优势，1982 年，国际档案理事会（ICA）向 ISO 提出申请，要求在 ISBD 系列中包容档案著录标准，并为此进行了积极的准备。在联合国教科文组织（UNESCO）帮助下，进行了档案文件管理规划的专项研究（RAMP）。1983 年，国际档案理事会、国际标准化组织、联合国教科文组织联合召开会议，研究了档案著录标准加入 ISBD 问题。会议经过讨论认为，目前制定 ISBD 档案著录标准的时机尚未成熟，其原因是档案作为一种文献类型，不一致性很强，各国档案著录的标准差别很大；此外，档案文件主要用于行政管理部门，而不像其他文献那样具有交流的必要性和紧迫性。但是会议并不否定各国制定档案著录国家标准的必要性，也不排除在时机成熟时制定 ISBD 档案著录标准的可能性。

1990 年根据国际档案理事会（ICA）与联合国教科文组织达

成的协议，成立了国际档案理事会著录标准特别委员会，其目标是负责制订一些适用于国际范围的档案著录标准，特别委员会主席由英国皇家历史手稿委员会秘书克里斯托弗·J·基钦担任。

为研制档案著录的国际标准，特别委员会于1990年10月的第一次全体会议上专门成立了一个小组，该小组1991年7月在英国利物浦完成了草案，1992年1月在西班牙马德里经过特别委员会全体会议的讨论、修改和补充，形成了所谓的"ISAD(G)马德里草案"——《档案著录国际通用标准》。

"ISAD(G)马德里草案"于1992年2月开始在国际档案界广泛地征求意见，并作为1992年9月蒙特利尔第12届国际档案大会会议文件散发，在大会期间的一次公开会议上对其进行了讨论。特别委员会1993年1月21～23日在斯德哥尔摩再次开会，根据世界范围和蒙特利尔公开会议反馈的意见对文件进行最后审查和修改，国际档案理事会批准了最后版本。经过几年的努力，数易其稿，《档案著录国际通用标准》ISAD(G)(General International Standard Archival Description)终于问世，刊登在《护门神》杂志1994年第1期上，并确定试验期为5年。

该标准的内容除"序言"和"简介"外，分为四个部分。第一部分为"与基本规则相关的术语"；第二部分为"多级著录"，它简要介绍了多级著录的基本概念和基本要求；第三部分为"多级著录规则"；第四部分是标准的主体部分，为"著录项目"，共有26个著录项目，被分为6个信息区，逐一详细叙述了每个著录项目的名称、目的、规则，并举例予以说明。在"标准"的最后，还附了一个"全宗整理级别模式"，这个模式对于多级著录的形成具有重要作用。

国际档案理事会迫切希望这一著录标准能为广大标准团体所接受和应用，1995年5月在突尼斯召开的国际档案理事会地区间档案发展会议上，又讨论研究了《档案著录国际通用标准》的实施意见和措施。为了跟上时代的发展，国际档案理事会决定今后将不断地对《档案著录国际通用标准》进行修改完善。

目前,著录标准特别委员会正在为建筑文件、制图文件、电影胶片、电子文件和其他特殊介质制订标准著录国际标准。

三、著录在我国档案工作的引用

长期以来,我国档案界一直习惯使用"编目"、"填卡"等词,并据此设计和组织工作环节,而对"著录"一词的概念内涵和功能不甚了解,并很少使用。为适应国际标准ISBD的原则,根据我国集中统一管理国家档案事业的实际情况和档案工作现代化的紧迫需要,全国文献工作标准化技术委员会决定在文献著录国家标准系列中包容档案著录规则。1983年国家档案局成立了《档案著录规则》起草小组,经过一年多的工作,1984年7月在全国文标会著录分会的内蒙古扩大会议上对《档案著录规则》(报批稿)进行了审定。1985年7月以GB 3792.5—85正式批准《档案著录规则》为国家标准。1999年国家档案局颁发《档案著录规则》(DA/T 18—1999)代替GB/T 3792.5—85。

《档案著录规则》是以《国际标准书目著录(ISBD)》和国家标准《文献著录总则》为原则,结合档案的特点和我国档案工作的实际情况制定的。《档案著录规则》是我国文献著录国家标准系列的组成部分之一。

《档案著录规则》的发布与实施标志着我国档案学界正式引入了"著录"一词和概念,实现了档案学与图书馆学、情报学等学科在文献管理领域的交流与融合,引发档案工作业务流程的调整和创新,为档案工作现代化以及未来的文献信息共享奠定了基础。

四、著录与其他档案工作环节的关系

1. 编目与著录

传统的文献编目是根据一定目的和使用对象,按照相应的方法及规则,对各类型文献的形式特征和内容特征进行描述与揭示。具体说对大量馆藏实体信息资源进行整理、整序和整合的工

作,被称为"文献编目"。文献编目工作包括文献著录、规范控制、文献分类、主题标引、目录组织、文献技术加工等过程。

由此可见,编目与著录是两个不同的概念,是上下位关系。编目是按照一定的规则进行档案著录,并将条目组织成目录的过程。著录是对档案的内容和形式特征等进行分析、选择和记录的过程。编目包括著录、标引、目录组织,而著录只是编目工作的内容之一。在编目中一些工作如填卡虽然有"记录"、"描述"的含义,但更多的是照录。著录不仅是客观记录,还对其内容进行分析、取舍,概念的内涵更为深化和精确。因此,根据国家标准《文献著录总则》(GB 3792.1—83)和《档案著录规则》(GB 3792.5—85)的规定采用"著录"这一科学概念,以区别于编目。

另一方面,编目规则包括对文献实体的描述方法(著录)和规范控制(标目法);著录规则仅限于著录。ISBD 和 GB 3792 都是文献著录的基本原则、基本框架,不提供编目的实际操作。

2. 目录与著录

目录是由揭示档案(文献)特征的条目汇集而成并按照一定次序编排的文献检索工具。文献目录一般具有揭示职能和检索职能。目录的职能主要是对文献的形式和内容特征描述,通过完整的著录来实现(传统编目工作主要产生题名、责任者、主题、分类四大款目),为读者提供文献的目录,以揭示馆藏内容。档案目录具体又可以分为卷内文件目录、案卷目录、分类目录、专题目录等,它还有固定卷内文件和案卷之间排列顺序的职能。

文献著录是指按照一定的规则对文献内容与形式特征进行分析、选择、记录的过程,著录的结果产生条目,也就是我们传统上俗称的目录卡片、著录卡。通过目录组织,即按照一定的次序将各类著录完成的条目排列起来,形成一个有机的系统,即为目录。可以说条目是目录的一个个细胞,目录是条目的综合体,没有档案著录就不可能有档案目录;著录的条目不经过组织,也形成不了目录。所以说二者有不同的具体内容和不同的要求,但都是编目工作的一部分。

3. 标引与著录

标引是对档案内容进行主题分析，赋予检索标识的过程。标引又分为分类标引和主题标引。分类标引是对档案内容进行主题分析，赋予分类标识的过程，即日常工作中的档案分类与给出分类号的过程。主题标引是对档案内容进行主题分析，赋予主题词标识的过程，即日常工作中的撰写主题词的工作。理论上讲，著录是在标引的基础上开展的，是上下工序，但在实际工作中著录可以和标引一个工序进行。

第二节 城市建设档案著录规范的产生

一、产生背景

20世纪80年代末，完成了机构建设和馆库建设的城建档案馆，纷纷准确地把目光投向了计算机的应用，特别是沿海开放城市和经济发达地区的城建档案馆，相继投入资金，购置设备，引进人才，开始了各自的探索。

为引导全国城市建设档案（简称城建档案）工作向以计算机技术应用为核心的现代化管理方向发展，推动计算机在城建档案管理中的应用，城建档案工作的最高主管部门——建设部于1989年1月确定芜湖市城建档案馆为全国中小城市城建档案现代化管理的试点单位，从而拉开了有组织地探索计算机在城建档案管理中应用的序幕。

1991年4月15日中国城市科学研究会城建档案信息专业委员会现代化管理小组，在深圳主持召开了第一次"城建档案现代化管理研讨会"，会上各馆交流了计算机开发应用的经验，并就著录标准等城建档案现代化管理的基础工作进行了探讨。

1993年建设部办公厅在1984年原城乡建设环境保护部办公厅印发的《城市建设档案分类大纲》的基础上修订印发了《城市

建设档案分类大纲》(修订稿),此版大纲是对上版大纲的继承与发展,促进了城建档案基础工作的发展,为城建档案著录工作的开展奠定了基础。

1992年1月,由芜湖馆组织开发的《城建档案计算机综合通用管理系统》通过了建设部组织的技术鉴定,标志着第一代城建档案管理系统的建立。

到1993年底第二次全国城建档案工作会议前,深圳、杭州、西宁、合肥、唐山、上海、天津、沈阳、本溪、保定等城市都进行了计算机管理系统的开发研制。到1997年上半年,全国400多个城建档案馆,多数已经实现计算机辅助管理。这些系统的应用与推广,使我国城建档案管理跃上了一个新的台阶,推动了城建档案管理现代化的发展。然而各地计算机管理的水平差异比较悬殊,软件管理系统低水平重复开发多,鉴定的多、应用的少,完成数据库建设的更少,而且标准不一,推广难,不上规模,城建档案馆计算机管理系统开发前准备工作分析与准备工作不足,城建档案馆基础工作薄弱的制约瓶颈凸现出来。其中关键之一是没有统一的城建档案著录标准。

二、城建档案著录规范的制定是城建档案现代化管理的必然

1. 制定城建档案著录规范的必然性

众所周知,标准化工作是城建档案工作现代化的基石。由于我国档案工作标准化工作起步较晚,目前尚未形成一个完整、科学的标准体系,城建档案工作的标准化更是如此。在20世纪90年代城建档案管理现代化的探索中,许多城建档案馆在《文献著录总则》(GB3792.1—83)和《档案著录规则》(GB3792.5—85)的原则和要求指导下,根据本馆的实际需要和管理水平,制定了各自的《城建档案著录实施细则》,指导和规范本馆的著录工作。尽管有原则性标准和档案专业性标准的指导,但由于缺乏具有城建档案专业特点的标准,缺乏统一管理和指导,城建档案的著录工作一直存在着这样或那样的问题。

(1) 宏观方面

从宏观方面上看，城建档案的著录在总的方面与文书档案著录要求基本是一致的，《档案著录规则》的原则对城建档案著录同样适用。但在具体运用中，落实在著录对象上时，要求却不尽相同。

从《档案著录规则》看，它是基于传统文史档案管理基础上的一个各类档案著录的通用标准，是从案卷管理的需要来制定规定的；从著录内容（条目）上看，它着重记述和反映案卷或单份文件的内容（标题）和外部形式特征，这对于强调案卷管理的文史档案管理，是完全可以满足需要的。然而城建档案乃至科技档案是以一个工程项目（课题）为管理对象，并有众多的专业内容特征需要反映与描述，对于档案的信息管理来说，就远远不能满足需要了。从城建档案的专业特点来看，城建档案包含的范围大，种类多，涉及的学科多，专业性强，如工业与民用建筑档案、城市规划档案、道路桥梁档案、地下管线档案等等。在这些档案中，每一类档案的信息从内容到专业属性以及数量上都有较大的差别，信息开发得越深入、越细致，差别就越大。所以不能简单套用《档案著录规则》，它对于城建档案的著录工作还有许多不适应的地方。

因此，应该对不同性质内容的档案采用不同的著录内容模式，制定具有专业特性的著录标准。这方面《地图资料著录总则》（GB 3792.6—86）的制定就是成功的范例。

(2) 微观方面

从有关著录标准在城建档案著录中的实际应用看，由于对《档案著录规则》理解和掌握有偏差，对《文献著录总则》的系列化和统一性缺乏了解，因此，机械地盲从与随意地演变在所难免。

在城建档案著录项目设置方面，一些城建档案馆制定著录细则时对著录项目的设置都是从《档案著录规则》中直接选取，没有消化和吸收，存在照搬、套用状况，并且各馆在著录项目的选择上既不统一,也有所偏废,甚至有些馆的著录项目失之过简,信息量过小,不能起到检索的作用,远不能把蕴藏在城建档案中的信息资源揭示出来,其结果是可利用范围过于狭窄,效果也很不理想。

著录项目是揭示城建档案内容特征和形式特征的一个记录事项,是构成城建档案记录和整个数据库的最基本的信息单元,每个著录项目,实际上是一个信息单元。它既是信息载体,也是检索城建档案的一条线索。因此,城建档案著录项目设置,必须保证能够多途径地揭示城建档案的内容信息,满足利用者多角度、多途径检索的需要。根据系统工程的观点,系统的输入必须根据系统的输出来决定,同样,研究城建档案的著录项目,必须根据城建档案信息的应用范围来决定。在不同类型的城建档案著录问题上,由于不同专业的内容和形式的不同,信息需求也不相同。不同类型城建档案包含的内容信息差别很大,把各种不同特征的信息加起来就更多了。因此,著录项设置应该从检索和利用角度出发,选取最能体现和反映专业内容特征和规律注记的信息,把这些信息作为著录项目著录下来,满足各种不同利用者、不同利用层次和利用角度的需要。

在著录形式和格式方面,各地差异也很大。有的套用《档案著录规则》的案卷级的内容和格式,有的按《城建档案分类大纲》设置著录形式,有的按城市建设所涉及专业设置著录形式与格式,造成城建档案著录的形式、格式多样,不能够方便地进行著录信息交换,不便于计算机应用等问题。

城建档案乃至科技档案,其管理和利用的对象是以工程或项目为主体,工程或项目是利用者利用时首先涉及的对象,工程、项目的著录应该成为城建档案著录的首要级次。因此,针对不同类型工程、项目的城建档案采用不同著录模式的著录方法,对城建档案所涉及的工程、项目按专业特征进行合理的分类,根据每类档案的不同特点制定出符合实际需要的、通用的城建档案著录形式和内容标准,设计、规范宜于计算机应用的著录格式,以实现城建档案著录的标准化、规范化。

2. 城建档案著录规范的产生是城建档案著录实践的总结

1991年4月15日中国城市科学研究会城建档案信息专业委员会现代化管理小组在深圳召开的第一次"城建档案现代化管理研讨会",是我国城建档案界首次就城建档案著录标准等城建档案现代化管理的基础工作进行探讨的一次会议,会议虽然未就制定城建档案著录标准形成共识,但说明城建档案著录已经成为各城建档案馆研究的重点内容和全国探讨的基础性问题。1992年1月,芜湖市城建档案馆组织开发的《城建档案计算机综合通用管理系统》通过建设部组织的技术鉴定后,在城建档案馆中推广应用,它对城建档案的现代化管理起到了积极的推动作用。但由于作为系统应用基础的城建档案著录标准的局限性,在推广中未能取得其他城建档案馆的共识,故未能形成统一的城建档案著录标准。

与此同时,一些城建档案馆结合本馆的城建档案现代化管理实践,从80年代末开始开展城建档案著录的研究,他们突破了城建档案著录基本照搬文书档案著录的束缚,构建了具有城建档案特色的多级著录规则,到90年代初取得初步成果,而且与1993年12月国际档案理事会批准的《国际档案著录标准(通则)》的多级著录规则的思想、规定不谋而合。如南京市城建档案馆提出城建档案著录设工程(项目)级、案卷级、文件级三级,按档案记载对象的特点设置著录内容的著录原则,并从1991年下半年起,按三级著录的原则对接收进馆的档案和已经进馆入库的档案进行全面的整理、著录。北京市城建档案馆提出工程档案著录设工程级、准工程级、案卷级、文件级四级的著录规则。广州市城建档案馆在计算机应用的基础上提出工程级、案卷级、文件级、电子文件级四级著录与管理的思想。

这些原则、方法、思想在城建档案著录工作中得到充分实践,并应用到城建档案计算机管理系统中,随着这些城建档案馆著录规则的完善和相应标准的制定,到1994~1996年间形成城建档案著录理论。这个理论是以层级制为基础的多级著录规则,并将城建档案的著录对象归纳为"房屋建筑"、"市政构筑物"等六七种形式,改变了以往以案卷为著录对象,按城建档案分类的类别设置著录形式的著录原则。这种新的城建档案著录理论于90年代后期开始在全国推广,并逐渐开始被各城建档案馆接受和采用。

城建档案著录理论的产生是城建档案著录实践的结果。它从一个方面促进了城建档案档号构成理论的发展,使城建档案档号的结构由原来的"分类号(大类、属类小类)+案卷号"发展成为"分类号(大类、属类小类)+项目号+案卷号",形成了新的城建档案档号构成理论。城建档案著录理论和城建档案档号构成理论的确立,构成了城建档案管理特色理论的基础,全面推进了城建档案管理现代化的发展。

应该说,要实现城建档案管理的现代化管理,就必须实现城建档案著录的标准化和规范化。城建档案著录标准化首先应该从著录标准的规范化开始。在全国范围统一城建档案著录标准,制定具有城建档案专业特性的著录标准是城建档案信息化建设的要求,也是城建档案著录理论进一步总结和升华的必然。

三、标准制定过程

1998年1月15日在北京召开的第三次全国城建档案工作会议提出"加快城建档案管理现代化的步伐",努力实现"两个转变"的目标,建设部于1998年上半年,启动城建档案现代化管理的统筹规划工作。这项工作由建设部办公厅的主管领导、部分城建档案馆馆长组成领导小组,建设部城建档案办公室具体负责组织实施,任务是负责组织制定有关标准和规范,推荐管理模式,对全国城建档案现代化管理工作进行引导和指导,以实现城建档案数据交流和信息共享,加快信息化建设的进程。从1997年开始筹划"著录规范"的起草,1998年正式启动,经调研、起草、讨论、修改,经三上三下,于2000年10月完成"著录规范"送审稿,并通过了由建设部标准定额司和办公厅组织的专家审定。2001年3月建设部与原国家质量技术监督局正式发布国家标准《城市建设档案著录规范》(GB/T 50323—2001)。2002年3月建设部与原国家质量技术监督局又正式发布国家标准《建设工程文件归档与整理规范》(GB/T 50328—2001)。这两个规范貌似无关，实则相通，相互配套，《建设工程文件归档与整理规范》是《城市建设档案著录规范》应用的基础和条件，它规范了城建档案中建设工程档案的案卷构成、案卷和文件的统一标准名称，为著录的开展奠定了基础。两个国家标准的出台标志着城建档案的标准化工作进入了一个新阶段。

四、标准类型与相关标准

1. 标准的分类

根据《中华人民共和国标准化法》（以下简称《标准化法》）规定："国家标准、行业标准分为强制性标准和推荐性标准。保障人体健康，人身、财产安全的标准和法律、行政法规规定强制执行的标准是强制性标准，其他标准是推荐性标准。省、自治区、直辖市标准化行政主管部门制定的工业产品的安全、卫生要求的地方标准，在本行政区域内是强制性标准。"由此可见，我国标准分为国家标准和行业标准，国家标准、行业标准又分为强制性标准和推荐性标准两种。根据规定，强制性国家标准的代号为"GB"，推荐性国家标准的代号为"GB/T"；强制性行业标准的代号为行业的名称代号的拼音首字母，如"DA"为国家档案行业强制性标准的代号，推荐性行业标准的代号为行业的名称代号的拼音首字母加"/T"，如"JS/T"为国家建设行业推荐性标准。强制性标准并非每一条都为强制性条款，而是黑体或粗体印刷部分为强制性内容。

《标准化法》实施后，国家档案局将全部档案工作的国家标准和行业标准均划为推荐性标准；并规定，今后通过全国档案工作标准化技术委员会审查上报的档案工作标准都作为推荐性标准。

但在开展标准化工作的过程中,由于对《标准化法》中"强制性标准"与"推荐性标准"理解与认识的不同,一些人误以为推荐性标准是可执行可不执行的,由此认为档案工作的标准也是可执行可不执行的。

显然这种认识是有失偏颇的。《标准化法》将国家标准、行业标准分为强制性标准和推荐性标准,是根据我国国情对标准化工作的重大改革。它使国家对标准的管理既有刚性的一面——强制,又有柔性的一面——推荐。这种强制性标准与推荐性标准并存的体制,不仅有助于国家把该管的管好、管严,该放开的放开、搞活,而且也确立了推荐性标准的合法地位,事实上,世界上许多发达国家和发展中国家的国家标准也都是推荐性标准。如国际上有影响的美国机械工程师协会(ASME)标准和美国试验与材料协会(ASTM)标准都是推荐性标准。但因其标准的技术水平高,不但本国企业采用,就连外国企业也都自愿采用。国际标准化组织 ISO 和 IEC 制定的标准也都是推荐性标准。而且根据《关税及贸易总协定》参加国制定的《标准守则》精神:"在一切需要有技术规则或标准的地方以及已有有关国际标准或即将制定出来的地方,参加国均以这些国际技术规则或标准、或其中的有关部分作为制定技术规则或标准的依据",这说明标准没有国界,普遍适用。

作为推荐性标准,各地各部门在采用标准的时候具有更大的灵活性,因而对标准的编写质量提出了更高的要求。当标准规定的内容既有指导性又有可操作性,采用标准会给采用者带来实际利益时,各单位自然就有实施标准的积极性;相反,如果标准规定的内容并不科学或缺乏可操作性,自然没有人愿意采用。如果硬性推行,也只会给采用标准的部门带来麻烦,甚至造成不必要的损失。从这个意义上说,推荐性标准的实施过程也是筛选高质量标准的过程。

当推荐性标准在颁布后被行政管理部门采用(如一些推荐性标准被行政管理部门作为考评、定级的条件),那么在规定的适用范围内,它就是强制性标准。所有被考评的单位在实施与考评有关的推荐性标准时就不存在自愿采用的灵活性问题。

2. 相关文献、档案著录标准

开展城建档案著录工作,应该执行和可以参考的相关文献、档案工作标准有如下方面:

(1) 档案著录国际标准

《国际标准书目著录》(ISBD)

《国际档案著录标准(通则)》[ISAD(G)]

(2) 档案著录国家标准

《城市建设档案著录规范》GB/T 50323—2001

《档案著录规则》GB/T 3792.5—85 (DA/T18—1999)

《普通图书著录总则》GB 3792.2—85

(3) 相关文献国家著录标准

《文献著录总则》GB 3792.1—83

《非书资料著录规则》GB 3792.4—85

《地图资料著录总则》GB 3792.6—86

《检索期刊条目著录规则》GB 3793—83

《检索期刊编辑总则》GB 3259—82

《科技学术期刊编排规则》GB 3179—82

(4) 著录工作涉及的其他相关标准

《建设工程文件归档与整理规范》GB/T 50328—2001

《文献保密等级代码》GB 7156—1987

《文献叙词标引规则》GB/T 3860—1995

《国家机关公文格式》GB 9704—1988

《档案分类标引规则》GB/T 15418—94

《档案主题标引规则》DA/T 19—1999

《档号编制规则》DA/T 13—1994

《中国档案主题词表》

《城建档案主题词表》

《城建档案分类大纲》
《城建档案密级与保管期限表》
等等。

第二章 城市建设档案著录的基本原理

第一节 城市建设档案著录的意义

目前,信息化水平已成为衡量一个国家和地区现代化程度和综合实力的重要标志。如何利用现代信息技术发展的成果来管理与服务社会已成为各国政府重点研究的问题,党的十六大报告中明确提出"大力推进信息化,加快建设现代化","推进电子政务"。从档案事业来看,为适应国家信息化建设的需求,档案信息化建设也加快步伐,《全国档案信息化建设实施纲要》已经颁布,对档案信息化的基础设施建设、信息资源建设、管理应用系统和标准规范化建设提出了明确要求,到"十五"末,全国各级各类档案馆中的80%将建立局域网并与当地政务网连通,重要档案馆将实现全宗纸质档案、照片、录音、录像档案的数字化。据不完全统计,中国政府已对省级以上综合档案馆的信息化建设投入资金6000万元人民币,为省级以上综合档案馆配备计算机3000多台和网络设备、输入输出设备、数字化转换设备1000台(套),并已开通各类档案网站200多个。信息技术及产业的快速发展为档案事业的发展提供了新的机遇,加快了档案工作融入信息社会的步伐。目前,"数字档案馆工程"研究与建设作为一个探索课题,也已列入了国家档案信息化建设的重要议程:深圳档案馆成为"数字化档案馆系统"工程的第一个试点馆;超星数字图书馆推出"国家档案文献库"这一"数字档案馆"的示范性工程;海军建成档案数字化信息中心;青岛市"十五"期间也将着手实施数字档案馆工程。全国其他档案馆大多也都在着手进行上网、联网工作。这些都是实施"数字档案馆"工程的"前奏"。

城建档案事业是我国档案事业的重要组成部分。城建档案是城市建设的历史记录。城建档案管理是城市建设管理工作的重要组成部分。随着我国社会主义现代化建设事业的蓬勃发展和城市化水平的不断提高，城建档案的数量日益增加，其种类和载体形态日益丰富。对这些不断产生和纷繁复杂的档案资料的科学管理和有效利用，既是广大城建档案工作者的迫切愿望，也是社会主义现代化建设事业的迫切需要。近年来，各地城建档案部门在探索城建档案现代化管理方面作了大量努力，但由于缺乏全国统一的标准和规范，造成了大量低水平重复开发，严重影响了城建档案管理水平的提高。面对信息化建设的发展，为了尽快规范城建档案管理工作，指导城建档案著录标引工作，提高城建档案现代化管理水平，建立健全全国统一的城建档案检索利用体系，真正实现资源共享，充分发挥城建档案在城市建设中的作用，建设部城建档案工作办公室组织制定了《城市建设档案著录规范》。

《城市建设档案著录规范》适用于各级各类城建档案管理部门对各个时期、各种载体的城建档案著录工作，规定了城建档案著录工作的内容、深度、范围等，为促进城建档案信息化建设，逐步实现城建档案电子化、存储数字化、检索自动化、利用网络化，构建统一的全国城建档案信息数据库，实现城建档案信息资源共享奠定了基础。

第二节 城市建设档案著录的基本原理

由于城建档案馆属于国家专业档案馆，城建档案是以城市规划、建设和管理活动为反映对象，具有较广泛的记载范围和内容，同时，其工作具有较高的专业内容和较强的专业属性。城建档案除具备一般科技档案所具有的系统性、成套性和继承性特点以外，还具有与城市现状相吻合的现状性（现实性）、对城市建设和发展的指导性（如城市规划档案）等自身的特点。社会对城建档案信息的利用需求，在时效性、利用角度、深度上也颇有特色。因此，城建档案的著录必须符合其工作特点、利用特点和城建档案信息专业性的特点，具备一定的专业特色，成为不同于一般文献的独特的著录体系。

一、以层级制为基础的多级著录原理

城建档案的著录，是一种以层级制为基础的多级著录原理，将著录对象的层级分为工程（项目）级、案卷级和文件级。由于《档案著录规则》是一个各类档案著录的通用标准，此规则建立与应用的对象是以文书档案为重点，从著录内容（条目）上看，着重记述和反映单份文件或案卷的内容和形式特征，这与一般文书档案按单一事由（问题）一事一卷的立卷特点相吻合。而城建档案乃至科技档案是以一个工程项目（课题）为管理对象，并有众多的专业内容需要反映与描述，与文史档案以问题、事由立卷，以单份文件、单个案卷或一组文件或一组案卷为著录对象不同，城建档案管理的对象是工程（项目）。在实际工作中，无论是对工程档案的征集，还是管理、查询、提供利用，首先涉及的是该工程（项目），工程（项目）是第一级次，是深入案卷级、文件级的起点。因此，城建档案乃至科技档案的著录必须增加一个级次，即工程（项目）级，对一个工程（项目）所有案卷所记载的内容进行综合反映，对工程（项目）的特征及内容进行描述，这样城建档案的著录形成三个级次。

城建档案的著录中的工程级、案卷级、文件级著录有着密切的联系，对同一个工程项目来说，尽管三者有着各自具体的记录对象，但其终究是围绕着这个工程项目的不同方面、层次和角度进行的。三者之间如同工程档案一样是一种金字塔结构——文件级的集合构成案卷级，案卷级的集合又概括成工程级（如图2-1）。通过计算机的应用将一个工程项目原来松散的工程级、案卷级、文件级著录关系，围绕这个工程项目紧密地联系在一起，由此突出和加强了城建档案的工程级管理，并使工程级、案卷级、文件级之间形成互为梯次、互为补充的形态，从而深化了对该工程项目档案的全方位管理。这符合城市建设档案利用需求的特点，并对城建档案管理、利用及城建档案信息深层次的开发利用起到积极作用。

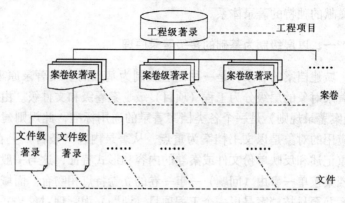

图 2-1 城建档案著录分级示意图

二、城建档案著录对象特征分类原理

城建档案的著录，依据城建档案所反映和记载的主体对象的不同，按专业特性，在工程（项目）层级上设置房屋建筑工程项目、市政基础设施工程项目、城市管线工程项目、建设工程规划管理档案项目、建设用地规划管理档案项目和通用工程（项目）六大工程级著录格式，摒弃按城建分类大纲的类目设置著录对象，解决需针对城建档案十几个大类、百十个属类的不同内容分别设计著录形式，造成著录形式和种类繁多，不便于工作组织和计算机管理设计的问题。通过这种归纳总结，形成了几种最常用的形式，合理解决了城建档案专业内容的广泛性与著录项目设置有限性的矛盾。

城建档案是在城市规划、建设和管理活动中产生的，是多专业科技活动成果的载体，涉及城市管理、城市规划、工业与民用建筑、园林绿化、道路桥梁等十几个专业，而不同专业的工程、项目有着各自的专业内容和专业特点，因此，著录中需要在有关（专业）记载项中予以相应字段进行反映。然而，由于专业种类多、内容广，如果一味地以专业及内容来设置著录种类与内容，势必产生两个问题：一是专业记载项种类多，进而有关著录单种类或著录形式过多；二是专业记载项自身内容多。这两个问题会带来许多负面效应：首先是由于专业门类与内容多、专业深度加深，极大地增加了工作量，同时对著录者知识水平也提出更高的要求，加大了对中、高级人才的需求。其次，由于著录项目，特别是专业记载项过多，而管理与利用工作的深度有限，即对著录内容的利用需求往往小于著录内容，则必然造成资源浪费。此外，著录内容过多，对计算机应用开发中录入格式的确定、屏幕设计以及今后录入人员的心理都会产生不利影响。

因此，在《城市建设档案著录规范》中将著录对象按专业特性归纳成最基本的6种形式，在工程（项目）层次上设置房屋建筑工程项目、市政基础设施工程项目、城市管线工程项目级、建设工程规划管理档案项目、建设用地规划管理档案项目和通用工程（项目）著录格式。

三、专业内容设置原理

《城市建设档案著录规范》在著录内容即著录项目的设置上突出了城建档案的专业特点，具有专业特性，并妥善解决了以下两个矛盾。一是城建档案专业内容的广泛性、专业特点的复杂性与著录项目设置有限性之间的矛盾，二是由于著录（专业）内容不同所要求的著录形式（著录单）的多样性，与著录工作组织、检索工具编制、计算机管理系统开发等所要求的经济合理性之间的矛盾。

根据《文献著录总则》第2.2著录项的设置，《城市建设档案著录规范》设置了专业记载项，与6种工程（项目）级著录形式相配套。在城建档案各专业记载项设置时，选择最基本、最能概括本工程专业特点的特征项，摒弃那些城建档案信息开发利用中不常用的特征项。如工业与民用建筑工程专业记载项设置为：建筑面积、层数、高度、结构类型、基础形式等项内容，放弃了诸如层高、桩种类、桩深、外墙形式等内容。同样，为了便于操作、方便组织，对相近专业工程的专业记载项设置了相同内容，以减少著录形式种类数量，便于著录的组织与准备。

在著录深度上，《城市建设档案著录规范》进行了妥善处理。根据规定，《城市建设档案著录规范》对著录项目分必要项和选择项，著录详简级次分为简要级次和详细级次，这实际上就是对著录深度的划分与描述。从档案管理与档案信息开发利用的角度看，著录的深度越深，其作为编制目录依据的功能，就由检索功能逐渐扩展为档案信息传播功能，并可成为三次文献开发、文献编纂、汇编的基础和有关数据统计分析的依据。《城市建设档案著录规范》在著录内容和著录深度上，前瞻性地考虑了这方面的需求。

第三节 城市建设档案著录的一般规则

一、著录层级划分

依据著录对象的不同，可将档案著录划分为工程（项目）级、案卷级、文件级三级。

工程（项目）级著录是对一个工程（项目）的所有档案的内容及形式特征进行分析、记录。

工程（项目）级根据著录对象划分为：

房屋建筑工程项目

市政基础设施工程项目

城市管线工程项目

建设工程规划管理档案项目

建设用地规划管理档案项目

通用工程（项目）

案卷级著录是对一个案卷的档案内容和形式特征进行分析、记录。

文件级著录是对一份文件的内容和形式特征进行分析、记录。

二、著录项目

著录项目是揭示城建档案内容和形式特征的记录事项，是构成城建档案著录信息的最基本的数据单元。

城建档案的著录项目分大项、小项和单元。大项主要包括题名与责任者、稿本与文种、密级与保管期限、时间、载体与数量、专业记载、附注与提要、排检与编号等8项。各大项下又分若干小项，小项下又分若干单元。

1. 题名与责任者项

题名又称标题、题目，是直接表达档案中心内容、形式特征并且区别于另一个档案的名称。从题名的构成上看包括正题名、副题名、并列题名和说明题名文字。从层级上看有三个层次——工程（项目）题名、案卷题名、文件题名。

责任者是指对档案内容进行创造、负有责任的团体和个人，包括第一责任者和其他责任者。

题名与责任者项还包括项目编号和文件编号。

工程项目编号包括建设工程项目立项批准文件号、建设工程规划许可证号、建设工程用地规划许可证号、建设工程用地许可证号、工程设计（勘察）编号、建设工程施工许可证号、建设工程竣工验收备案登记号等。

建设工程项目立项批准文件号著录计划部门或主管部门批准该工程项目正式立项的文件编号。

建设工程规划许可证号著录城市规划主管部门对该建设工程项目核发的建设工程规划许可证的编号。

建设工程用地规划许可证号著录城市规划主管部门对该建设工程项目核发的建设工程用地规划许可证的编号。

建设工程用地许可证号著录城市土地主管部门对建设工程项目核发的土地使用证编号。

工程设计（勘察）编号著录建筑设计（勘察）部门对该建设工程项目进行设计（勘察）的编号。

建设工程施工许可证号著录建设行政主管部门对该建设工程项目核发的施工许可证编号。

建设工程竣工验收备案登记号是指建设工程竣工验收后，建设单位向建设行政主管部门报送备案材料时，建设行政主管部门赋予该工程的备案登记编号。

文件编号是文件制发机关、团体或个人编写的顺序号，包括发文字号、图号等。

另外，在《城市建设档案著录规范》中工程（项目）地址项是题名与责任者项的一个小项。工程（项目）地址指工程项目的建设地点或征地地址。

2. 稿本与文种项

稿本是指档案的文稿、文本和版本的名称，如正本、副本等。文种是指文件种类的名称，如命令、决议、指示、通知、报告、会议纪要、协议书、任务书、施工图、竣工图、鉴定书等。

3. 密级与保管期限项

密级是指工程（项目）、档案保密程度的等级和范围，按《文献保密等级代码》（GB/T 7156—1987）第四章文献保管等级代码表，密级划分为公开、国内、内部、秘密、机密、绝密6个级别。

保管期限是指根据档案价值确定的档案应该保存的时间，一般分为永久、长期、短期三种。

4. 时间项

文件级时间项是指文件形成时间。

案卷级时间项是指案卷内文件起止时间。

工程（项目）时间项是指工程开、竣工时间或建设工程规划许可证及建设用地规划许可证的批准时间。

5. 载体与数量项

包括载体类型、数量及单位、规格等。

载体类型是指档案载体的物质形态特征。

数量及单位是指各种载体的数量和单位名称。

规格指档案载体的尺寸及型号。

6. 专业记载项

本项作为城建档案的专业特征记载项。根据著录对象不同分为房屋建筑工程专业记载项（含房屋建筑工程规划管理档案）、市政基础设施工程专业记载项（含市政基础设施规划管理档案）、城市管线工程专业记载项、建设工程用地规划管理专业记载项。

7. 附注项

附注项著录各个项目中需要解释和补充的事项。

8. 提要项

提要项是对档案内容的简介和评述。

9. 排检与编号项

排检与编号项是目录排检和档案馆（室）业务注记项。

由档号、档案馆代号、缩微号、电子文档号、存放地址号、主题词等组成。

三、著录详简级次

著录详简级次指著录的详简程度，分为简要级次和详细级次。

条目仅著录必要项目的称简要级次。

必要项目包括：正题名、文件编号、第一责任者、时间、专业记载、档号、缩微号、存放地址号、主题词。

条目除著录必要项目外，还著录部分或全部选择项目的称详细级次。

选择项目包括：并列题名、副题名及说明题名文字、其他责任者、附件、稿本与文种、密级、保管期限、载体与数量、附注、提要、档案馆代号、电子文档号。

四、著录符号

为了区分、识别各著录大项、小项或表达著录内容，著录时，必须使用一些特定的符号，这些特定的符号就是著录用符号。著录符号分为著录项目标识符和著录内容识别符两种。著录用各种符号及用途详见下表。

1. 著录项目标识符号及用途详见表2-1

表2-1 著录项目标识符号及用途

符号	用途
.—	置于下列六大项之前：稿本与文种项、密级与保管期限项、时间项、载体与数量项、专业记载项、附注与提要项，用于区分各大项
=	置于并列题名之前
:	置于下列著录小项之前：文件编号、工程地址、文种、保管期限、数量及单位、规格，以及各专业记载项之间，用于区分各著录小项
/	置于第一责任者之前
;	置于其他责任者之前，多个文件编号之间，用于区分同一著录小项的各著录单元
+	置于每一个附件之前
[ ]	置于下列著录内容的两端：自拟著录内容、文件编号中的年度、责任者省略时的"等"字
( )	置于有关责任者的说明文字的两端：自拟著录内容、文件编号中的年度、责任者真实姓名、责任者的职务或身份、外国责任者国别及项目原文等

2. 著录内容识别符号及用途详见表2-2

表2-2 著录内容识别符号及用途

符号	用途
?	置于不能确定的著录内容之前，一般与 [ ] 号配合使用
-	用于下列内容之间：日期起止，档号、电子文档号、缩微号、存放地址号的各层次之间
…	用于节略内容
□	用于每一个残缺文字和未考证出时间的每一数字。未考证出的责任者及难以计数的残缺文字用三个"□"表示

著录项目标识符号的作用是帮助识别各种不同文字的著录事项，便于信息交流。所用标识符是借用西方文字中的标点符号，但在此已不视其为标点符号，而只起著录项目标识作用。

需要说明的是，这些符号的空格使用是有一定规定的，主要是根据用西文打字机工作的规律，当然也适合于现在计算机的操作。一是项目标识符".—"是由实心句点"."和两个短横"–"组成，如果用西文打字机或计算机（半角状态）操作，两个短横"– –"应击两次键。这样，项目标识符".—"共占3个字节的位置，而如果用铅字排版印刷，则需要两个铅字的位置。二是表示年代等起讫标识符"~"一律改为连字符"–"，占一个字符的位置，不要与项目标识符种的两个短横"– –"混淆。三是如果某个标识符后面需要留一个空格，而其后面的一个标识符，如括号"（ ）"或"[ ]"等的前面也需要留一个空格时，只能留一个空格。

五、著录格式

著录格式是著录项目在条目中的组织排列顺序及其表达方式。按其表现形式可分为表格式和段落符号式。

1. 表格著录格式

表格著录格式是采用印有固定表格的工作单（卡）或者计算机程序在屏幕上的列表作为著录格式。按城建档案著录层级设置，表格著录格式也分为工程（项目）级、案卷级和文件级。

（1）工程（项目）级表格著录格式

按照不同著录对象，工程（项目）级档案表格著录格式分为房屋建筑工程、市政基础设施工程、城市管线工程、建设工程规划管理项目、建设用地规划管理项目、通用工程项目六种。

房屋建筑工程（项目）级表格著录格式（示例如表2-3）

市政基础设施工程（项目）级表格著录格式（示例如表2-4）

城市管线工程项（目级）表格著录格式（示例如表2-5）

建设工程规划管理档案项目级表格著录格式（示例如表2-6）

建设用地规划管理档案项目级表格著录格式（示例如表2-7）

表 2-3 房屋建筑工程（项目）级著录单

工程名称			
工程地点			
责任者	建设单位		立项批准单位	
	设计单位		监理单位	
	勘察单位		施工单位（总）	
文号	立项批准文号		工程规划许可证号	
	用地规划许可证号		用地许可证号	
	设计号		施工许可证号	
专业记载	单项工程名称	建筑面积	高度	层数	结构类型	开工时间	竣工时间
	总用地面积		总建筑面积			幢数	
	工程预算		工程决算			地形图号/地理编码	

第二章 城市建设档案著录的基本原理　29

续表

档案状况	案卷		底图	照片		底片	
	录音带		录像带	磁盘		光盘	
	磁带		缩微片	其他			
	密级		保管期限	移交时间			
	移交单位						
附注							
注							
提要							
排检号编号	档号				缩微(电子)号		
	存放地址	库		排	节(柜)	层	
	主题词						

表 2-4 市政基础设施工程(项目)级著录单

工程名称						
工程地点						
责任者	建设单位		立项批准单位			
	设计单位		施工单位			
	勘察单位		监理单位			
文号	立项批准文号		工程规划许可证号			
	用地规划许可证号		用地许可证号			
	设计号		施工许可证号			
专业记载	单项工程名称	结构类型	长度	宽度	高度	跨径/净空	孔数	级别/荷载
	总用地面积			总面积			总长度	
	开工时间			竣工时间		工程预算		工程决算
	地形图号/地理编码							

续表

档案状况	案卷		底图		照片		底片	
	录音带		录像带		磁盘		光盘	
	磁带		缩微片		其他			
	密级		保管期限		移交时间			
	移交单位							
附注								
提要								
排检号编号	档号				缩微(电子)号			
	存放地址	库		排		节(柜)		层
	主题词							

表 2-5 城市管线工程（项目）级著录单

工程名称							
工程地点							
责任者	建设单位			立项批准单位			
	设计单位			施工单位（总）			
	监理单位			竣工测量单位			
文号	立项批准文号			工程规划许可证号			
	用地规划许可证号			用地许可证号			
	施工许可证号			施工许可证号			
设计号							
专业记载	单项工程名	施工单位	地形图号	长度	规格/孔数	材质	荷载
	开工时间		竣工时间		工程预算		工程决算

第二章　城市建设档案著录的基本原理

续表

案卷	底图		照片	底片	
录音带	录像带		磁盘	光盘	
磁带	缩微片		其他		
密级	保管期限				
移交单位			移交时间		

档案状况	附注	提要

档号			缩微（电子）号	
存放地址	库	排	节（柜）	层
主题词				

排检号编号

表2-6 建设工程规划管理档案项目级著录单

工程名称							
工程地点							
责任者	建设单位			立项批准单位			
	设计单位			施工单位			
文号	立项批准文号			工程规划许可证号			
	用地规划许可证号			用地许可证号			
	设计号			施工许可证号			
专业记载	单项工程名称	建筑面积	高度	层数	结构类型	长度	宽度	跨度	规格/净空	级别/荷载
	幢数	总用地面积		总(建筑)面积		地形图号		批准时间		
	工程预算									

续表

档案状况	案卷		底图		照片		底片	
	录音带		录像带		磁盘		光盘	
	磁带		缩微片		其他			
	密级		保管期限		移交时间			
	移交单位							
附注								
注								
提要								
排检号编号	档号		库		排		缩微(电子)号	层
	存放地址						节(柜)	
	主题词							

表2-7　建设用地规划管理档案项目级著录单

类别	项目	内容	项目	内容
	用地项目名称			
	征地位置			
责任者	用地单位		立项批准单位	
	规划批准单位		用地批准单位	
	被征单位			
文号	立项批准文号		用地规划许可证号	
	用地许可证号		批准时间	
专业记载	用地面积（平方米）		用地费用（万元）	
			劳动力安置数	
			地形图号	
			用地分类	
			原土地分类	
			征拨分类	
	总用地面积（平方米）			

续表

档案状况	案卷	底图	照片	底片		
	录音带	录像带	磁盘	光盘		
	磁带	缩微片	其他			
	密级	保管期限	移交时间			
	移交单位					
附注						
提要						
排检号与编号	档号			库	排	缩微(电子)号
	存放地址			节(柜)		层
	主题词					

工程(项目)级通用表格著录格式(示例如表 2-8)

表 2-8 工程(项目)级通用著录单

工程(项目)名称							
	工程地点						
责任者	责任者 1			文号 1			
	责任者 2			文号 2			
专业记载	专业内容 1			专业内容 2			
	专业内容 3			专业内容 4			
	专业内容 5			专业内容 6			
	起止时间						
档案状况	案 卷		底 图		照 片		底 片
	录音带		录像带		磁 盘		光 盘
	磁 带		缩微片		其 他		
	密 级		保管期限		移交时间		
	移交单位						
附注							
提要							
排检与编号	档 号			缩微(电子)号			
	存放地址		库	排	节(柜)		层
	主题词						

(2) 案卷级条目表格著录格式（示例如表 2-9）

表 2-9　工程（项目）案卷级通用著录单

档　号		缩微（电子）号	
存放地址	库　　排	节（柜）	层
案卷题名			
编制单位			
载体类型	数量/单位		规格
卷内文件起始时间		卷内文件终止时间	
保管期限		密　级	
附　注			
主题词			

(3) 文件级条目表格著录格式（示例如表 2-10）

表 2-10 文件级著录单

档　号			缩微（电子）号	
存放地址	库　　　排　　　节（柜）　　　层			
文件题名				
责任者 1				
责任者 2				
文(图)号	文　本		形成时间	
载体类型	数量/单位		规　格	
密　级	保管期限			
附　注				
主题词				
提　要				

2. 段落符号式著录格式

段落符号式著录格式将著录项目划分为四个段落。第一段落中档号、缩微号分别置于条目左上角的第一、二行，档案馆代号、存放地址号分别置于右上角第一、二行，电子文档号置于第二行的中间位置。第二段落从第三行与档号齐头处依次著录题名与责任者项、稿本与文种项、密级与保管期限项、时间项、载体与数量项、专业记载项、附注项，回行时，齐头著录。第三段落另起一行空两格著录提要，回行时与一、二、三段落齐头。第四段落另起一行齐头著录主题词，各词之间空一格。

段落符号式著录格式分卡片式和书本式，其格式相同，只是载体不同。

(1) 工程（项目）级段落符号式条目著录格式

档号　　　　　　　　　　　　　　　　　　档案馆代号
缩微号　　　　　电子文档号　　　　　　　存放地址号
题名＝并列题名；副题名及说明题名文字：立项批准文号；工程规划许可证号；工程用地规划许可证号；工程用地许可证号；工程设计（勘察）编号；工程施工许可证号；竣工验收备案登记号：工程地址/第一责任者；其他责任者 .—密级；保管期限 .—工程开竣工日期 .—载体类型：数量及单位：规格 .—专业记载 .—附注
　　提要
主题词

(2) 案卷级段落符号式著录格式

档号　　　　　　　　　　　　　　　　　　档案馆代号
缩微号　　　　　电子文档号　　　　　　　存放地址号
正题名＝并列题名；副题名及题名说明文字/编制单位 .—密级：保管期限 .—案卷内文件起止时间 .—载体类型：数量及单位：规格 .—附注
　　提要
主题词

(3) 文件级段落符号式著录格式

档号　　　　　　　　　　　　　　　　　　档案馆代号
缩微号　　　　　　电子文档号　　　　　　存放地址号
正题名=并列题名；副题名及题名说明文字：文件编号/第一责任者；其他责任者 .—稿本：文种 .—密级：保管期限 .—文件形成时间 .—载体类型：数量及单位：规格 .—附注
　　　提要
主题词

六、著录文字

著录用文字必须规范化。文件编号、时间项、载体与数量项、专业记载项、排检与编号项中的数字一律用阿拉伯数字。其他语种文字档案著录时必须依照其语种文字书写规则。

有关数值，如正负整数、小数、百分数、分数、比例等，必须使用阿拉伯数字。例如：

48　　-12　　0.6　　50%　　1/3　　1:1000

定型的词、词组、成语、惯用语、缩略语或具有修辞色彩的词语中作为语素的数字，必须使用汉语。例如：

一律　　一方面　　星期二　　二氧化碳　　一一九师　　"十五"计划　　十六大二次会议

公历世纪、年代、年、月、日著录使用阿拉伯数字。如：21世纪　公元 780 年　1980 年 12 月 25 日。年份一般不能简写，如 1990 年不应写作"九〇年"或"90 年"。

部队番号、文件编号、等代号、代码和序号须用阿拉伯数字。例如：

8341 部队　　国家标准 GB/T 50323—2001　建设部建标标 [2000] 25 号

七、著录依据

著录信息来源于被著录的档案。

单份文件著录时,主要依据文头、文尾。案卷著录时,主要依据案卷封面、卷内文件目录、备考表等。工程项目著录时,主要依据工程项目解释性档案内容。被著录的档案信息不足时,参考其他有关的档案、资料。

第三章 工程（项目）级档案著录

第一节 房屋建筑工程档案工程（项目）级著录

房屋建筑工程档案工程（项目）级著录，是针对城建档案中各类工业与民用房屋建筑工程档案的工程（项目）级而进行的著录。它既适用于一个房屋建筑工程从立项到竣工验收备案全部档案的著录，也适用于狭义的房屋建筑工程的竣工档案，以及设计、施工等单位作为独立项目存在的房屋工程设计、施工档案。

一、题名与责任者项

1. 题名

房屋建筑工程档案一般只著录正题名，即房屋建筑工程的名称。正题名照原文著录。

房屋建筑工程题名的基本结构为：工程建设单位或立档单位名称＋工程名称（含子项工程名称）二部分组成。

工程建设单位或立档单位名称部分应与责任者一样著录其对外公开名称、全称或通用简称。如"南京市人防办北极阁三号口地下会堂工程"，该题名中"南京市人防办"即为建设单位通用简称。对于代号单位须用公开名称（未有公开名称的单位除外），必要时标注代号如"南京新联机械厂（九二四厂）"，不能仅著录代号"九二四厂"。需要说明的是在城市建设、房地产开发中，常常有一些工程项目的建设单位并非是该工程的真正建设单位，而是被委托代为建设的甲方代理，如"××城镇建设开发公司"、"××土地房产经营公司"等等，它们受建设单位全权委托负责工程建设的一切有关事宜，即为"交钥匙工程"。这些单位移交的工程档案在确定工程题名时，工程建设单位部分应写委托建设单位名称，而非立档单位名称。如"南京中山东路小区 8 号高层办公楼"，由南京市城镇建设综合开发总公司建设，实为中国工商银行江苏省支行办公营业大楼，因而其工程题名标注建设单位应为："中国工商银行江苏省支行"，而非南京市城镇建设综合开发总公司。

工程名称部分应该著录其工程的名称，并根据工程项目实际情况增加时间特征、工程地址特征、工程性质等特征，进行必要的补充说明，以完善题名构成。如"南京大学浦口校区 22 号学生宿舍工程"中"浦口校区"是工程地址特征，以区别南京大学原主城校区。

一些住宅小区、公用建筑、商业建筑等可以省略工程建设单位，直接以地名机构批准的名称作为工程项目名称，并以单体建筑名为子项名称，如"某某花园某某村（组团）1 号住宅楼工程"、"××酒店工程"等等。

必要时并列题名——其他文字的题名与正题名一并著录。副题名则用于表达该房屋建筑工程的曾用名或建设单位的代号。在实际工作中，房屋建筑工程，特别是办公楼、写字楼、住宅小区等在工程申报和建设中是一个名称，竣工或正式投入使用时又换了一个名称，而且正式的命名必须经当地的地名主管部门批准，与工程建设存在时间上的差异，因此有必要将其曾用名称以副题名的方式进行著录。

段落符号式著录格式中，著录以第二种语言文字书写的与正题名对照并列题名时其前加"＝"号，副题名及说明题名文字前加"；"号。

房屋建筑工程项目名称示例：
南京市地方税务局综合业务大楼（复成大厦）
林科院林产化工研究所浦口中试基地综合楼
南京师范大学紫金校区 11 号教学楼
莫愁小区 E 组团 01 幢综合楼
2. 工程（项目）地址

工程（项目）地址指工程项目的建设地点。本市工程著录区（县）、街道（乡、路）、门牌号（村、队）；外地工程著录省、市（县）、街道（路）名。

在段落符合式著录格式中，其前加":"号。

3. 文件编号

对于一个建设工程来讲，其基本的出生文件主要有立项批准文件、建设工程用地规划许可证、建设工程规划许可证、建设工程用地许可证、工程设计（勘察）文件、工程施工许可证、工程竣工验收备案登记文件等，因此对应的文件编号大致有以下7种：

(1) 建设工程项目立项批准文件号

建设工程项目立项批准文件号著录计划部门或主管部门批准该工程项目正式立项的文件编号。如：宁计投资字［1997］129号❶。

(2) 建设工程规划许可证号

建设工程规划许可证号著录城市规划主管部门对该建设工程项目核发的建设工程规划许可证的编号。如：宁规城中建筑（2002）348号❷。

(3) 建设工程用地规划许可证号

建设工程用地规划许可证号著录城市规划主管部门对该建设工程项目核发的建设工程用地规划许可证的编号。如：规土［城］［1995］宁第67号❸。

(4) 建设工程用地许可证号

建设工程用地许可证号著录城市土地主管部门对建设工程项目核发的土地使用证编号。如：宁土建1997年第33号❹。

(5) 工程设计（勘察）编号

---

❶ 是南京市计划委员会投资管理部门1997年制发的第129号文。

❷ 是南京市规划局城中分局2002年核发的第348号建筑规划许可证号。

❸ 是南京市规划局1995年核发的第67号城区用地许可文件。

❹ 是南京市土地管理局1997年核发的第33号建设用地许可证号。

工程设计（勘察）编号著录建筑设计（勘察）部门对该建设工程项目进行设计（勘察）的编号。设计编号一般在设计图纸的图签栏中标注，各家设计机构的编号不尽相同，以江苏省建筑设计研究院的设计编号为例：4—399—99。

（6）建设工程施工许可证号

建设工程施工许可证号著录建设行政主管部门对该建设工程项目核发的施工许可证编号。如：宁建基许（2003）第 130 号❶。

（7）建设工程竣工验收备案登记号

建设工程竣工验收备案登记号是指建设工程竣工验收后，建设单位向建设行政主管部门报送备案材料时，建设行政主管部门赋予该工程的备案登记编号。

文件编号照原文字和符号著录，在段落符号式著录格式中，依照上述顺序依次著录，其前加":"号，多个文件编号之间用";"号。

4. 责任者

房屋建筑工程（项目）级责任者依次设置了建设单位（立卷单位）、建设项目（或事由）批准单位、工程设计单位、施工单位、监理单位。

在此，建设单位是指进行工程项目建设的组织和管理机构或工程项目的所有者。

建设项目批准单位是指批准建设工程立项并核发批准文件的单位。一般是国家各级政府的计划部门或建设单位的上级主管部门。

工程设计单位是指承担工程设计并在设计文件上加盖设计出图章的设计单位。

施工单位指承担新建、修复、改建、迁移房屋和构筑物工程，把各种建筑材料变成建筑物和构筑物的生产单位。一般著录总承包单位。

---

❶ 是南京市建设委员会基本建设管理处 2003 年核发的第 130 号施工许可证号。

监理单位指承担工程建设生产活动监理的单位，一般著录总承包单位。

团体责任者必须著录全称，并且应著其对外公开名称，如"南京新联机械厂"，而非此厂代号"九二四厂"。

历代政权机关团体责任者，著录时其前应冠以朝代或政权名称，并加"（）"号。如"（民国）总理陵园管理委员会"。

个人责任者一般只著录姓名，必要时在姓名后著录职务，并加"（）"号。如"左宗棠（清二江总督）"。

文件所署个人责任者为别名、笔名等时，均照原文著录，但应将其真实姓名附后，并加"（）"号。

外国责任者，应著录各历史时期易于识别的国别简称、统一的中文姓氏译名、姓氏原文和名的缩写，一般采用名在前，姓在后的顺序。国别、姓氏的原文和名的缩写均加"（）"号。如亨利·墨菲（美国 Henry Killam Murphy）❶。

未署责任者的文件，应著录根据其内容、形式特征考证出的责任者，并加"[ ]"号。经考证仍无结果时，以三个"□"代之，著录为"□□□"。

在段落符号式著录格式中，一般将建设单位（立卷单位）定为第一责任者，其前加"/"号；建设项目批准单位、工程设计单位、施工单位、监理单位均为其他责任者，其前加"；"号。

二、密级与保管期限项

1. 密级

密级在此是指工程、项目的保密程度的等级，一般按工程、项目的性质确定密级著录。对已升、降、解密的，应著录新密级。根据《文献保密等级代码》GB/T 7156—1987 第四章文献保管等级代码表的划分，保密等级分为公开、国内、内部、秘密、

---

❶ 美国建筑师，20 世纪 20 年代来华，设计作品有燕京大学校舍、金陵大学校舍，作为顾问参与了《首都计划》的制定。

机密、绝密六个级别。其中密级为"公开级"、"国内级"、"内部级"时，一般不必著录。

在段落符号式著录格式中，其前加".—"号。

2. 保管期限

保管期限是指根据档案价值确定的档案应该保存的时间，一般分为永久、长期、短期三种。根据《建设工程文件归档整理规范》的规定，需要永久保存的工程档案为永久；工程档案的保存期限等于该工程的使用寿命的为长期；工程档案保存20年以下的为短期。对已更改的，应著录新的保管期限。

在段落符号式著录格式中，其前加"；"号。

三、时间项

1. 开工时间、竣工时间

开工时间、竣工时间，按房屋建筑工程的实际开、竣工日期进行著录，设计项目著录设计开始和完成的时间。

2. 移交时间

移交时间著录档案接收进馆（室）的时间。

著录时间时，年、月、日之间用"."号相隔，如"1985年12月10日"著录为"1985.12.10"。

在段落符号式著录格式中，其前加".—"号。

例如上例应著录为".—1985.12.10"。

四、载体与数量

1. 数量及单位

数量用阿拉伯数字，单位用档案物质形态的统计单位，如"页"、"张"、"卷"、"袋"、"册"、"盒"等。

在段落符号式著录格式中，其前加".—"号。

2. 规格

规格指档案载体的尺寸及型号，数量用阿拉伯数字，单位用计量单位，如"16mm"、"A4"、"A0"等。

在段落符号著录格式中其前加":"号,如".—5页:16开"、".—2张:A0"。

五、专业记载项

房屋建筑工程专业记载项著录:1)单项工程名称,2)施工单位,3)建筑面积,4)高度,5)层数,6)结构类型,7)总用地面积,8)总建筑面积,9)幢数,10)工程预算,11)工程决算,12)地形图号(地理编码)等。

1. 单项工程名称

著录房屋建筑工程的单项工程名称,如该项目只有一个单项工程,即题名项之工程名称,则不再著录。

2. 施工单位

著录单项工程的施工单位。如果单项工程的施工单位与总承包施工单位相同则不再著录。

3. 建筑面积

指各层建筑面积的总和,各层面积按水平横截外墙周边计算。建设工程规划管理档案著录每个案件(项目)内核准的房屋建筑或市政设施总建筑面积。著录时以平方米为单位,取小数点后两位。

4. 高度

按房屋建筑的最高点标高著录,以米为单位,取小数点后两位。地下建筑的高度按地下设施最低层地板的顶标高著录(负值)。

5. 层数

按单体建筑物的实际层数著录,以 0.00 为界,著录地上、地下层数。例:地上 12 层,地下 1 层著录为":地上 12 地下 1"。

6. 结构类型

建筑物的结构类型,指建筑物的承重结构形式,如砖混结构、内框架结构、钢筋混凝土结构、钢筋混凝土剪力墙结构、筒体结构、剪力墙结构、部分框支剪力墙结构、砌块结构等。

7. 总用地面积

著录该工程的总的用地面积。著录时以平方米为单位,取小数点后两位。

8. 总建筑面积

著录该工程的所有单体工程的建筑面积之和。著录时以平方米为单位,取小数点后两位。

9. 幢数

按一个建设项目实有建筑物的幢数著录。

10. 工程预算

由施工单位对该工程所作的预计造价。以万元为单位,保留小数点后两位。

11. 工程决算

经有关方面审核后的工程造价决算。以万元为单位,保留小数点后两位。

12. 地形图号或地理编码

著录工程规划红线图所用的 1:500 或 1:1000 大比例尺地形图的分幅号或工程地点的地理编码。如 4430.111。

在段落符号格式中,各专业记载项前加":"号。

由于城建档案涉及的工程专业较多,每个专业的专业记载项又各不相同,也没有统一标准的标识符号,甚至连计量单位都不尽相同,因此在段落符号格式著录中,除在各专业记载项前加":"号外,还应著录必要的标识文字。如:高 21.5 米、12 孔、跨 45 米。

专业记载项的设置可以根据各著录机构对工程(项目)信息管理的深度酌情增加。对于现代计算机管理条件下,理论上讲专业记载项的设置越专业、越细致越好,但必须考虑经济合理性。

六、附注与提要项

1. 附注

附注项著录各个项目中需要解释和补充的事项,依各项目的顺序著录，项目以外需要解释和补充的列在最后。

在段落符号格式中，每一条附注均以".—"分隔。如每一条附注都分段著录时，可省略该著录符号。

2. 提要

工程（项目）级的提要项主要是对工程（项目）的状况、规模等总体情况进行介绍和评述，应力求反映其工程概况、重要数据（包括技术参数）。工程、项目级提要一般不超过200字，要求文字简练。

七、排检与编号项

1. 档号

档号是档案馆（室）在档案整理过程中对档案的编号。城建档案的档号由多层次的层级组成，包括分类号、项目号、案卷号、件号或页号。档号中各层级之间用"-"号，占一个字节。

工程（项目）级的档号由分类号、项目号组成。如：

I 11 - 0219

——项目号，表示 I 大类 1 属类 1 小类的第 219 个项目

——分类号，表示 I（民用建筑）大类，1 属类，1 小类

各著录机构在统一档号结构的原则下，根据自己的详细规定进行著录。

在段落符号格式中，档号置于条目左上角第一行。

2. 档案馆代号

档案馆（室）代号按照国家统一规定填写。尚无代号的，暂时不填，但应留出位置，以备将来填写。

在段落符号格式中，档案馆代号置于条目右上角第一行。

3. 缩微号

缩微号是档案馆（室）赋予档案缩微品的编号。

4. 电子文档号

电子文档号是档案馆、室管理电子文件的一组符号代码。著

录该项目档案电子文档的编号。

在段落符号格式中,缩微号置于条目左上角第二行,与档号齐头。电子文档号置于第二行的中间。

5. 存放地址号

存放地址号著录档案存放处的编号。一般包括库号、列(排)号、节(柜)号、层号。各号之间用"-"间隔。

在段落符号格式中,存放地址号置于条目右上角第二行,与档案馆代号齐头。

6. 主题词

主题词是揭示档案内容的规范化的词或词组。主题词按照DA/T 19—1999《档案主题标引规则》、《中国档案主题词表》、《城建档案主题词表》等进行标引。

工程(项目)级的主题词一般按工程建设单位的性质、工程建设单位的行业分类、工程项目的种类或名称、档案的属性分类依次进行标引。一般标引4~6个主题词。各词之间空一个汉字位置,一个词或词组不得分两行书写。

工程建设单位的性质是指工程建设单位的行业性质,如政府、工矿企业、社会团体、科研设计、文化艺术、教育、医疗卫生、体育、城市建设、交通运输、商业贸易、金融等。

工程建设单位的行业分类是指在工程建设单位的行业性质下的分类,如工矿企业下分矿业、冶金、机械、化学、电子、电工电器、仪器仪表、轻工、纺织、食品、电力等;文化艺术分文艺团体、会堂、影剧院、群艺馆、文化宫、展览馆、纪念馆、博物馆、图书馆、档案馆等。

工程项目的种类或名称是指工程项目的具体通用名称。如:居住小区、住宅、公寓、宿舍、办公楼、科研楼、业务楼、体育馆、厂房、锅炉房、教学楼、实验楼等。

档案的属性分类是城建档案的分类划分。如施工档案、竣工档案、设计档案、管理文件、声像档案、规划档案、用地规划、工程规划等等。

在此著录的主题词实为关键词。
著录举例：
教育　　大专院校　　教学楼　　竣工档案
商业贸易　　百货　　商店　　工程规划
在段落符号格式中，主题词著录于附注与提要项之后，另起一段齐头著录。

八、房屋建筑工程档案工程（项目）级档案著录示例

1. 房屋建筑工程档案工程（项目）级档案表格著录示例

房屋建筑工程（项目）级著录单

	工程名称	江苏省高级人民法院业务技术、审判办公大楼			
	工程地点	鼓楼区宁海路75号			
责任者	建设单位	江苏省高级人民法院	立项批准单位	江苏省计划经济委员会	
	设计单位	江苏省设计研究院	监理单位		
	勘察单位		施工单位（总）	通州市建筑安装工程公司	
文号	立项批准文号	苏计经投（1994）1186号	工程规划许可证号	19940747	
	用地规划许可证号	规土[城][1994]宁第17号	用地许可证号	宁土建1994年第33号	
	设计号	4-84-94	施工许可证号		
专业记载	单项工程名称	施工单位	建筑面积 m²	高度 m	层数	结构类型	开工时间	竣工时间
			24000	75	21	框剪	1995.01.01	1997.05.01
	总用地面积 m²	4666.62	总建筑面积 m²	24000	幢数	1

续表

档案状况	工程预算（万）	680	工程决算（万）		900	地形图号/地理编码		4828.314
	案卷	30卷	底图		照片		底片	
	录音带		录像带		磁盘		光盘	
	磁带		缩微片		其他			
	密级	内部	保管期限	长期	移交时间		1998.03.30	
	移交单位		江苏省高级人民法					
附注								
提要								
排检与编号	档号	I 21-0275			缩微（电子）号			
	存放地址	607库 12 排 03 节（柜）02 层						
	主题词	司法机关　省属　法院　办公楼　竣工档案						

2. 段落符号式著录格式示例

房屋建筑工程档案工程（项目）级段落符号式著录格式为：
档号　　　　　　　　　　　　　　　　　　　　档案馆代号
缩微号　　　　　电子文档号　　　　　　　　　存放地址号
题名＝并列题名；副题名及说明题名文字：立项批准文号；工程规划许可证号；工程用地规划许可证号；工程用地许可证号；工程设计（勘察）编号；工程施工许可证号；竣工验收备案登记号；工程地址/第一责任者；其他责任者．—密级；保管期限．—工程开竣工日期．—载体类型：数量及单位：规格．—建筑面积：高度：层数：结构类型：幢数：总用地面积：总建筑面积：工程预算：工程决算：地形图号（地理编码）．—附注
　　提要
主题词

房屋建筑工程档案工程（项目）级段落符号式著录示例：

Ⅰ 23-0284　　　　　　　　　　　　　　　432401
　　　　　　　　　　　　　　　　　　412-13-03-01
林科院林产化工研究所浦口中试基地综合楼工程：科基字〔1994〕216号；宁规建字1994第89号；宁规土93年125号；宁土建93年89号；H96—01：浦口区沿江镇龙山村／林科院林产化工研究所；林业部中国林科院；林业部林产工业规划设计院；江都市第二建筑工程公司．—公开；长期．—1996.12.1：1998.4.1：9卷．—10卷．—1幢：4层：15米高：框架：3679m^2：占地面积870m^2

科研设计　　部属　　科研　　综合楼　　竣工档案

第二节　市政基础设施工程档案工程（项目）级著录

市政基础设施工程著录是指道路、桥梁、涵洞、隧道、堤坝等市政基础设施工程以及公路、铁路、航道等交通基础设施工程档案的工程（项目）级著录。

基础设施工程档案工程（项目）级著录中的一些著录项目：文件编号、责任者、密级与保管期限项、时间项、载体与数量、附注与提要项、排检与编号项等大、小著录项，与房屋建筑工程档案工程（项目）级的相应著录项的内容和要求相同，在此不再重复赘述，只论述不同部分，特别是专业记载项部分，相同部分的有关内容均参照房屋建筑工程档案工程（项目）级著录进行。

市政基础设施工程以及本章各节中还将叙述到的其他工程（项目）级的段落符号式著录格式中，各种著录符号的应用与房屋建筑工程档案工程（项目）级中各著录项一致，均参照房屋建筑工程档案工程（项目）级进行，以下将不再重复赘述。

一、题名与责任者项

市政（交通）基础设施工程的题名一般直接以工程名称著录，不标著工程建设单位，必要时加著工程原名称、工程地址、时间、工程性质等特征内容。

如"龙盘路"，原建设中名为"城东干道"，后地名办正式命名为"龙盘路"，故题名著录为"龙盘路（城东干道）工程"。

又如"中山路珠江路至鼓楼段1978年翻修水泥路面竣工图"中，"中山路"为工程名称，"珠江路至鼓楼段"为地址特征，"1978年"为年代特征，"翻修"为工程性质特征。

市政（交通）基础设施工程的题名举例：
南京长江大桥引线工程
沪宁高速公路南京连接线卫岗隧道工程
中山陵陵墓大道路灯改建及中山门路灯工程
宁溧公路雨花台立交桥至双龙街改建工程
栖霞大道K0+000~353、K1+105~439道路排水工程

二、专业记载项

1. 结构类型

在此著录构筑物的结构类型。道路的结构类型是指路面的结构形式，如水泥路面、沥青路面、沥青混凝土路面等；桥梁按桥跨结构的受力方式著录，如拱形桥、板梁桥、连续梁、双曲拱、桁架拱、悬索桥、斜拉桥等；以及其他设施的结构形式，如横断面形式、河道护砌形式等。

2. 长度

长度是指道路、桥涵等市政（交通）基础设施工程的长度。以米为单位，著录到小数点后两位。

3. 宽度

宽度是指道路、桥涵等市政（交通）基础设施工程的宽度。以米为单位，著录到小数点后两位。

4. 高度

高度是指市政（交通）基础设施构筑工程的高度。以米为单位，著录到小数点后两位。

5. 净空

净空指常年水位或地面至桥底部的空间距离或梁底的标高；或涵洞的空间高度（直径）。以米为单位，著录到小数点后两位。

6. 跨径

跨径指桥梁主跨的长度。以米为单位，著录到小数点后两位。

7. 孔数

孔数指桥梁、涵洞的孔洞数等。

8. 级别

级别指道路的设计等级。如高速、一级、二级等。

9. 荷载

荷载指设计荷载，是桥梁、涵洞、管线等的承载能力。

10. 总用地面积

著录该工程的总的用地面积。著录时以平方米为单位，取小数点后两位。

11. 总面积

著录道路、桥涵等市政（交通）基础设施工程的面积之和。著录时以平方米为单位，取小数点后两位。

12. 总长度

著录道路、桥涵等市政（交通）基础设施工程的长度之和。著录时以米为单位，取小数点后两位。

三、市政基础设施工程档案工程（项目）级著录示例

1. 表格式著录示例

市政基础设施工程（项目）级著录单

	工程名称	草场门大桥拓宽改造工程					
	工程地点	鼓楼区草场门大街					
责任者	建设单位	南京市城市建设开发（集团）总公司		立项批准单位	南京市建设委员会		
	设计单位	南京市市政设计研究院		施工单位	南京隆仁建设有限公司		
	勘察单位			监理单位			
文号	立项批准文号	宁建综字（2001）378号		工程规划许可证号	宁规市政［2003］第0065号		
	用地规划许可证号			用地许可证号			
	设计号	20020094		施工许可证号	宁建基许（2003）第231号		
专业记载	单项工程名称	结构类型	长度(m)	宽度(m)	高度/净空(m)	跨径	孔数	级别/荷载
		桁架拱	583	48	5	60	14	汽30挂100
	总用地面积			总面积		总长度(m)		
	开工时间	2003.02.25	竣工时间	2003.12.31	工程预算	2100万	工程决算	2505万
	地形图号/地理编码							

续表

档案状况	案卷	46卷	底图		照片		底片	
	录音带		录像带		磁盘		光盘	
	磁带		缩微片		其他			
	密级	内部	保管期限	长期	移交时间	2004.08.24		
	移交单位	南京市城市建设开发（集团）总公司						
附注								
提要	该工程是草场门大街拓宽改造工程中的桥梁工程							
排检与编号	档号	E21-0204			缩微（电子）号			
	存放地址	512 库 09 排 08 节（柜）01、02 层						
	主题词	城市建设		市属		市政		桥梁
		竣工档案						

2. 段落符号式条目著录示例

市政基础设施工程档案工程（项目）级段落符号式著录格式为：

档号　　　　　　　　　　　　　　　　　　　　档案馆代号
缩微号　　　　　电子文档号　　　　　　存放地址号
题名＝并列题名；副题名及说明题名文字：立项批准文号；工程规划许可证号；工程用地规划许可证号；工程用地许可证号；工程设计（勘察）编号；工程施工许可证号；竣工验收备案登记号：工程地址／第一责任者；其他责任者．—密级；保管期限．—工程开竣工日期．—载体类型：数量及单位：规格．—长度：宽度：高度：净空：跨径：孔数：结构类型：级别／荷载：总用地面积：总面积：总长度：工程预算：工程决算：地形图号（地理编码）．—附注
　　提要
主题词

市政基础设施工程档案工程（项目）级段落符号式著录示例：

E22-0182　　　　　　　　　　　　　　　　　432401
　　　　　　　　　　　　　　　　　　　503-23-08-01
汉中门立交桥工程：宁建综字（1998）785号；宁规政［1998］第0161号；宁土建1998年0045号；宁地建投（98）第40号；98085；建邺区汉中门广场/南京市市政工程建设处；南京市建设委员会；南京市市政设计院；南京市市政总公司.—内部；长期.—1998.10.20—1999.02.12.—28卷.—长504米：宽15米；净空5.2米；跨度30米；连续梁；汽30挂100；预算2600万；决算2698万

城市建设　　市属　　市政工程　　立交桥　　竣工档案

第三节　城市管线工程档案工程（项目）级著录

　　城市管线工程档案工程（项目）级著录，是针对地下给水、排水、供气、供电、供热、电信、工业管线等工程（项目）级的著录。

　　城市管线工程档案工程（项目）级著录中的一些著录项目，如文件编号、责任者、密级与保管期限项、时间项、载体与数量、附注与提要项、排检与编号项等大、小著录项，与房屋建筑工程档案工程（项目）级的相应著录项的内容和要求相同，在此不再重复赘述，只论述不同部分，特别是专业记载项部分，相同部分的有关内容均参照房屋建筑工程档案工程（项目）级著录进行。

一、题名与责任者项

1. 题名

城市管线工程档案一般只著录正题名。

题名一般由地址＋工程（项目）名称或建设单位＋工程名称或责任者＋事由构成。必要时题名中应增加管径、材质等特征内容。如：

新模范马路铺设DN1000自来水管线工程
上海路（汉中路—广州路段）铺设Φ500钢管给水管线工程
南京市话扩容调网浦口端局临江路—兴浦路通信管道工程

2．责任者

与房屋建筑工程相比城市管线工程档案的责任者增设了竣工测量单位。竣工测量单位著录承担城市管线竣工测量的单位。

3．工程地址

工程地址著录管线工程的起止点。起点：著录管线工程的起始位置或地址。止点：著录管线工程的终止位置或地址。

二、专业记载项

1．单项工程名称

著录城市管线工程的单项工程名称，如该项目只有一个单项工程或一种口径（规格）的管线工程（即题名项之工程），则不再著录单项工程名称。

2．施工单位

著录单项工程的施工单位。如果单项工程的施工单位与总承包施工单位相同则不再著录。

3．地形图号或地理编码

著录工程所在地点在1:500或1:1000的大比例尺地形图的分幅号，或工程地点的地理编码。

4．长度

著录管线的长度。以米为单位，著录到小数点后两位。

5．规格

著录管线的口径尺寸。以毫米为单位。如DN1000、2000mm×1000mm等等。

6．孔数

著录管线的孔数，如 12 孔、16 孔等。

7. 材质

著录管线的材料类型，如预应力混凝土管、铸铁管等。

三、城市管线工程档案工程（项目）级著录示例

1. 表格式著录示例

城市管线工程（项目）级著录单

工程名称	中山东路新街口段Φ750排水干管改造工程						
工程地点	建邺区中山东路（破布营—新百文体店）						
责任者	建设单位	南京市排水管理处管线所	立项批准单位	南京市市政公用局			
	设计单位	南京市排水管理处设计室	施工单位（总）	南京市排水管理处管线所			
	监理单位		竣工测量单位				
文号	立项批准文号	宁公市字（96）156号	工程规划许可证号				
	用地规划许可证号		用地许可证号				
	设计号	19950003	施工许可证号				
专业记载	单项工程名称	施工单位	长度(m)	规格/孔数	材质	荷载	地形图号
			257	Φ750	水泥		
	开工时间	1996-09-03	竣工时间	1996-10-29	工程预算	39万	工程决算	69万

续表

档案状况	案卷	1卷	底图		照片		底片	
	录音带		录像带		磁盘		光盘	
	磁带		缩微片		其他			
	密级		保管期限		移交时间		1996-01-28	
	移交单位		南京市排水管理处					
附注								
提要								
排检与编号	档号	Q30-0073			缩微（电子）号			
	存放地址	604库	09排		03节（柜）		05层	
	主题词	城市建设竣工档案	市属		市政工程		排水管线	

2．段落符号式著录示例

城市管线工程档案工程（项目）级段落符号式著录格式为：

  档号   档案馆代号
缩微号   电子文档号   存放地址号
题名＝并列题名；副题名及说明题名文字：立项批准文号；工程规划许可证号；工程用地规划许可证号；工程用地许可证号；工程设计（勘察）编号；工程施工许可证号；竣工验收备案登记号：工程地址/第一责任者；其他责任者．—密级；保管期限．—工程开竣工日期．—载体类型：数量及单位：规格．—长度：规格：孔数：材质：荷载：总长度：工程预算：工程决算：地形图号或地理编码．—附注
  提要
主题词

城市管线工程档案工程（项目）级段落符号式著录示例如下：

Q70-0119　　　　　　　　　　　　　　　　　　432401
　　　　　　　　　　　　　　　　　　　　　408-23-05-02
南京－杭州光缆通信干线直埋工程：邮部（94）139号；宁规市政［1994］第0682号；工程用地规划许可证号；工程用地许可证号；工程设计（勘察）编号；工程施工许可证号；竣工验收备案登记号：江宁县马木桥—溧阳县白马/南京电信局；中华人民共和国邮电部；江苏省邮电规划设计院；邮电部第三工程局．—长期．—1994.11.10-1995.6.10．—1卷．—864270米：1孔：直埋．—规划许可证号宁规市政［1994］第0683号
电信　　光缆　　竣工档案

第四节　建设工程规划管理档案工程（项目）级著录

建设工程规划管理档案项目级著录适用于工程规划管理（许可证）档案的项目级著录。

一、题名与责任者项

1. 题名

建设工程规划管理项目档案一般只著录正题名。正题名照原文著录。

建设工程规划管理项目的题名的基本结构为：工程建设单位或立档单位名称＋工程名称（含子项工程名称）＋工程规划审批项目组成。如：

南京大地建设集团公司检测中心大厦执照审批项目

南京东正房地产开发公司大厦电力电缆工程规划许可证审批项目

江苏省财政厅地税大厦工程规划许可证审批项目

下关区热河路西侧DN300-100给水管线工程许可证审批项目

2．工程地址

工程地址著录规划建设的工程所在地址。著录区（县）、街道（乡、路）门牌号详细地址。

3．文件编号

建设工程规划管理档案项目级设置有：立项批准文件号、建设工程用地规划许可证号、建设工程规划许可证号、建设工程用地许可证号、工程设计（勘察）号等，按前面章节要求进行著录。

4．责任者

建设工程规划管理档案项目级责任者有：建设单位、立项批准单位、设计单位、施工单位等四个，根据实际情况著录。

二、专业记载项

建设工程规划管理涉及房屋建筑工程、市政（交通）基础设施工程、地下管线工程等，因此，建设工程规划管理档案项目级的专业记载项设有：1）建筑面积，2）高度，3）层数，4）结构类型，5）总用地面积，6）总建筑面积，7）幢数，8）长度，9）宽度，10）跨度，11）规格，12）净空，13）级别，14）荷载，15）工程预算，16）地形图号/地理编码，17）批准时间等。

房屋建筑工程的建设工程规划许可证审批项目应著录建筑面积、高度、层数、结构类型、总用地面积、总建筑面积、幢数、工程预算、地形图号/地理编码、批准时间等项目。批准时间著录城市规划主管部门批准核发建设工程许可证的日期，其余各项的著录要求参看房屋建筑工程（项目）级著录。

市政基础设施工程及城市管线工程的建设工程规划许可证审批项目应著录长度、宽度、高度、结构类型、跨径、净空、孔数、规格、级别、荷载、工程预算、工程地址、地形图号/地理编码、总用地面积、总面积、批准时间等。批准时间著录城市规划主管部门批准核发建设工程许可证的日期，其余各项的著录要求参看市政基础设施工程(项目)级著录和城市管线工程(项目)级著录。

从内容上看,建设工程规划管理档案项目级著录可以分为房屋建设工程规划管理档案项目级著录、市政(管线)设施工程管理档案项目级著录两类;从形式上看,各地可以根据城市规划管理部门的具体管理分类,采取房屋、市政工程规划管理使用统一著录单,或者分别设置房屋、市政工程两种规划管理著录单的形式。

三、建设工程规划管理档案工程(项目)级著录示例

1. 建设工程规划管理档案工程(项目)级表格式著录示例

房屋建筑工程规划管理档案工程(项目)级著录示例:

建设工程规划管理档案工程(项目)级著录单

工程名称		南京世界贸易中心大厦工程规划许可证审批项目						
工程地点		鼓楼区江苏路						
责任者	建设单位	南京宁威房地产开发有限公司		立项批准单位	南京市计划委员会			
	设计单位	南京市建筑设计院		施工单位	张家港市兴港三处			
文号	立项批准文号	宁计投资字(91)地4号		工程规划许可证号	宁规建字[1994]第0340号			
	用地规划许可证号	规土[城][1992]宁第86号		用地许可证号	宁土建1993年2号			
	设计号	92119		施工许可证号				
专业记载	单项工程名称	建筑面积	高度(m)	层数	结构类型	长度	宽度	跨度	规格/净空	级别/荷载
	1号楼	21846	112.8	46	剪力墙					
	2号楼	21846	112.8	46	剪力墙					
	幢数	2	总用地面积 m²		总(建筑)面积 m²	53692	地形图号		批准时间	1999.10.9
	工程预算									

续表

<table>
<tr><td rowspan="5">档案状况</td><td>案卷</td><td>5卷</td><td>底图</td><td></td><td>照片</td><td></td><td>底片</td><td></td></tr>
<tr><td>录音带</td><td></td><td>录像带</td><td></td><td>磁盘</td><td></td><td>光盘</td><td></td></tr>
<tr><td>磁带</td><td></td><td>缩微片</td><td></td><td>其他</td><td></td><td></td><td></td></tr>
<tr><td>密级</td><td>内部</td><td>保管期限</td><td>永久</td><td>移交时间</td><td colspan="3">2002.08.06</td></tr>
<tr><td>移交单位</td><td colspan="7">南京市规划局</td></tr>
</table>

附注	
提要	

<table>
<tr><td rowspan="3">排检与编号</td><td>档号</td><td colspan="3">D30-1994-0138</td><td colspan="2">缩微（电子）号</td><td></td></tr>
<tr><td>存放地址</td><td>408 库</td><td>12 排</td><td>05 节（柜）</td><td colspan="2">01 层</td><td></td></tr>
<tr><td>主题词</td><td>城市建设
工程规划</td><td>房地产开发</td><td>高层建筑</td><td colspan="2">公寓</td><td></td></tr>
</table>

市政管线建设工程规划管理档案工程（项目）级著录示例：

建设工程规划管理档案工程（项目）级著录单

<table>
<tr><td colspan="2">工程名称</td><td colspan="3">南京虹飞实业公司电信工程公司通信管线工程规划审批项目</td></tr>
<tr><td colspan="2">工程地点</td><td colspan="3">栖霞区新生圩港区——纵二路</td></tr>
<tr><td rowspan="2">责任者</td><td>建设单位</td><td>南京虹飞实业公司电信工程公司</td><td>立项批准单位</td><td>南京电信局</td></tr>
<tr><td>设计单位</td><td>南京市电信规划设计所</td><td>施工单位</td><td>南京市电信规划工程公司</td></tr>
<tr><td rowspan="3">文号</td><td>立项批准文号</td><td></td><td>工程规划许可证号</td><td>宁规市政［1999］第 0089 号</td></tr>
<tr><td>用地规划许可证号</td><td></td><td>用地许可证号</td><td></td></tr>
<tr><td>设计号</td><td>98-L-03</td><td>施工许可证号</td><td></td></tr>
</table>

续表

	单项工程名称	建筑面积 m^2	高度(m)	层数	结构类型	长度(m)	宽度(m)	跨度(m)	规格/净空	级别/荷载
专业记载						*1059*			*24 孔*	
	幢数		总用地面积 m^2		总(建筑)面积 m^2		地形图号		批准时间	*1999-3-17*
	工程预算									
档案状况	案卷	*1 卷*		底图		照片			底片	
	录音带			录像带		磁盘			光盘	
	磁带			缩微片		其他				
	密级	*内部*		保管期限	*永久*	移交时间			*2002.08.06*	
	移交单位				*南京市规划局*					
附注	*人孔-14*									
提要										
排检与编号	档号		*D90-1999-0089*			缩微(电子)号				
	存放地址		*408* 库 *32* 排 *06* 节(柜)*02* 层							
	主题词		*邮电通信*		*电信*		*管线*		*工程规划*	

2. 段落符号式条目著录示例

建设工程规划管理档案工程(项目)级段落符号式著录格式为:

档号　　　　　　　　　　　　　　　档案馆代号
缩微号　　　　　电子文档号　　　　　　存放地址号
题名＝并列题名；副题名及说明题名文字：立项批准文号：工程规划许可证号：工程用地规划许可证号：工程用地许可证号：工程设计（勘察）编号：工程施工许可证号：竣工验收备案登记号：工程地址/第一责任者；其他责任者．—密级；保管期限．—工程开竣工日期．—载体类型：数量及单位：规格．—单项工程名称：建筑面积：高度：层数：结构类型：幢数：长度：宽度：跨度：规格：净空：级别：荷载：总用地面积：总建筑面积：工程预算：地形图号（地理编码）．—附注
　　提要
主题词

房屋建筑工程规划管理项目段落符号式著录示例：

D33-1996-0043　　　　　　　　　　　　　　　432401
　　　　　　　　　　　　　　　　　　　　408-13-0704
德成大厦工程规划审批材料：宁建开字 1992 年 772 号；宁规建字［1996］第 0591 号；规土［城］（1992）71 号；A96009-1；申请号建 19960031：建邺区丰富路石鼓路口/南京恒帮、德城房地产开发有限公司、南京市建设委员会；南京市民用建筑设计研究院；城市建设房地产开发综合楼工程规划．—内部；永久．—1996.7.23-2001.4.17．—6 卷．—60165平方米：高 107.9 米：地上 28 层地下 2 层：框剪结构：1 幢：总用地 15650 平方米：地形图号 4431.214．—5-6 两卷属违建补办由局 2003 年 9 月移交

城市建设　　房地产开发　　高层建筑　　商住楼　　工程规划

市政管线建设工程规划管理档案段落符号式著录示例：

D90-1999-0087　　　　　　　　　　　　　　　432401
　　　　　　　　　　　　　　　　　　　　408-21-08-03
南京市煤气管线工程公司煤气工程规划审批材料：宁公综字1998年420号；工程用地规划许可证号；宁规市政［1999］第0087号；M98-261：白下区石门坎至宁溧路／南京市煤气管线工程公司；南京市市政公用局；南京市燃气工程设计院；.—密级；保管期限.—1999.3.17.—1卷.—长4551米：管径700毫米：铸铁管
城市建设　　市政　　燃气　　管线　　工程规划

第五节　建设用地规划管理档案工程（项目）级著录

建设工程用地规划管理档案项目级著录适用于工程用地规划管理档案的项目级著录。

一、题名与责任者项

1. 题名

建设工程用地规划管理项目的题名的基本结构为：用地单位名称＋用地事由（工程名称）＋用地（征地）审批项目组成。如：

上海梅山集团矿业有限公司二期扩建尾矿管理工程征地审批项目

南京市大厂区人民政府山潘街道办事处社区服务中心征地审批项目

2. 用地地址

著录用地的地址，按区（县）、街（路、乡）、门牌号（村、队）顺序著录。

3. 文件编号

对于一个建设工程用地规划管理项目来讲，其基本的批准文件主要有立项批准文件、建设工程用地规划许可证、建设工程用地许可证，因此对应的文件编号有建设工程项目立项批准文件号、建设工程用地规划许可证号、建设工程用地许可证号，其著录要求如前所述。

4. 责任者

建设工程用地规划管理项目级的责任者依次设置了用地单位、建设项目批准单位、用地规划批准单位、用地批准单位、被征地单位。

用地单位著录指应工程建设需要通过征用、转让、拍卖等获得土地的产权或使用权，到城市规划部门办理相应手续的单位。

用地规划批准单位著录批准建设工程用地规划并核发建设工程用地规划许可证的部门。一般是城市规划主管部门。

用地批准单位著录批准用地并核发土地产权、使用权证明的单位。一般是该地区的土地主管部门。

被征地单位著录被征用土地的单位及个人，即被征用土地的原拥有者或使用者。

二、时间项

1. 申请时间

著录建设用地单位向城市规划管理部门申请建设工程用地规划项目的时间。

2. 批准时间

著录城市规划管理部门批准建设工程用地规划项目的时间。

三、专业记载项

1. 用地面积

著录批准用地面积，并以用地分类分别计。以平方米为单位，取小数点后两位。

2. 用地分类

指征地用途分类。根据《城市用地分类与规划建设用地标准》（QBJ 137—90）的规定，分居住、公共设施、工业、仓储、对外交通、道路广场、市政公用、绿地、特殊用地等九类。按实际批准情况著录。

3. 原土地分类

著录所征用土地原分类。根据《城市用地分类与规划建设用地标准》（QBJ 137—90）所征用土地分为：菜地、水田、耕地、山林、非耕地、水面、城镇、其他等八类。

4. 征拨分类

分征用、拨用、拍卖、转让等，按实际情况著录。

5. 用地费用

著录征用、拍卖、转让等方式获得土地的费用。以万元为单位著录到小数点后两位。

6. 劳动力安置数

著录因为用地而安置劳动力的人数。

7. 地形图号

著录规划核准用地所在 1∶500 或 1∶1000 的大比例尺地形图的编号或地理编码。

四、其他

建设工程用地规划管理档案项目级著录中的其他著录项目：责任者、密级与保管期限项、时间项、载体与数量、附注与提要项、排检与编号项等大、小著录项，与房屋建筑工程档案工程（项目）级的相应著录项的内容和要求相同，在此不再重复赘述，只论述不同部分，特别是专业记载项部分，相同部分的有关内容均参照房屋建筑工程档案工程（项目）级著录进行。

五、建设工程用地规划管理档案工程（项目）著录级示例

1. 建设工程用地规划管理档案工程（项目）级表格著录格式著录示例

建设用地规划管理项目级著录单

<table>
<tr><td colspan="2">用地项目名称</td><td colspan="6">南京市白下区教育局火瓦巷小学建教学楼工程征地项目</td></tr>
<tr><td colspan="2">征地位置</td><td colspan="6">白下区小火瓦巷</td></tr>
<tr><td rowspan="3">责任者</td><td>用地单位</td><td colspan="2">南京市白下区教育局</td><td colspan="2">立项批准单位</td><td colspan="2">南京市计划委员会</td></tr>
<tr><td>规划批准单位</td><td colspan="2">南京市规划局</td><td colspan="2">用地批准单位</td><td colspan="2">南京市国土管理局</td></tr>
<tr><td>被征单位</td><td colspan="6"></td></tr>
<tr><td rowspan="2">文号</td><td>立项批准文号</td><td colspan="2">宁计投资历字(95)174号</td><td colspan="2">用地规划许可证号</td><td colspan="2">规土[城][1995]宁第67号</td></tr>
<tr><td>用地许可证号</td><td colspan="6">宁土建1997年第33号</td></tr>
<tr><td rowspan="3">专业记载</td><td>用地面积(m²)</td><td>用地分类</td><td>原土地分类</td><td>征拨分类</td><td>用地费用(万元)</td><td>劳动力安置数</td><td>地形图号</td><td>批准时间</td></tr>
<tr><td>1259.39</td><td>公共设施</td><td>城镇</td><td>拨用</td><td></td><td></td><td>4430.111</td><td>1997.4.10</td></tr>
<tr><td>总用地面积</td><td colspan="7">1259.39</td></tr>
<tr><td rowspan="4">档案状况</td><td>案卷</td><td colspan="2">1卷</td><td>底图</td><td>照片</td><td colspan="2">底片</td></tr>
<tr><td>录音带</td><td colspan="2"></td><td>录像带</td><td>磁盘</td><td colspan="2">光盘</td></tr>
<tr><td>磁带</td><td colspan="2"></td><td>缩微片</td><td>其他</td><td colspan="2"></td></tr>
<tr><td>密级</td><td colspan="2"></td><td>保管期限</td><td>移交时间</td><td colspan="2">1999.10.12</td></tr>
<tr><td colspan="2">移交单位</td><td colspan="6">南京市规划局</td></tr>
<tr><td colspan="2">附注</td><td colspan="6"></td></tr>
<tr><td colspan="2">提要</td><td colspan="6"></td></tr>
<tr><td rowspan="3">排检与编号</td><td>档号</td><td colspan="3">D20-1995-0006</td><td colspan="2">缩微(电子)号</td><td></td></tr>
<tr><td>存放地址</td><td colspan="6">512库 10排 07节(柜)05层</td></tr>
<tr><td>主题词</td><td colspan="2">政府
用地规划</td><td>区属</td><td>教育</td><td colspan="2">学校</td></tr>
</table>

2. 建设工程用地规划管理档案工程（项目）级段落符号著录格式示例

建设工程用地规划管理档案工程（项目）级段落符号著录格式为：

档号　　　　　　　　　　　　　　　　　　档案馆代号
缩微号　　　　　　电子文档号　　　　　　存放地址号
题名＝并列题名；副题名及说明题名文字：立项批准文号；工程用地规划许可证号；工程用地许可证号：用地地址/用地单位；立项批准单位：规划批准单位：用地批准单位：被征单位．—密级；保管期限．—批准日期．—载体类型：数量及单位：规格．—用地面积：用地分类：原土地分类：征拨分类：用地费用：劳动力安置数：地形图号或地理编码．—附注
　　提要
主题词

建设工程用地规划管理档案工程（项目）级段落符号著录示例：

D20-1996　　　　　　　　　　　　　　　　　　432401
　　　　　　　　　　　　　　　　　　　　408-33-05-03
江苏省财政厅建财税大楼工程征地审批项目：苏计经投 1994 年 758 号；规土［城］［1996］字第 8 号；宁土建 97 年第 78 号：鼓楼区北京西路 59 号/江苏省财政厅；江苏省经济委员会：规划批准单位：用地批准单位：被征单位．—密级；保管期限．—1996.1.8-1997.5.28．—1 卷．—公共设施 1282 平方米：其他 3401.18 平方米：原城镇用地：拨用：地形图号 4826.422-4826.423
政府机关　　省属　　财政　　办公楼　　用地规划

第六节　通用城建档案工程（项目）级著录

工程（项目）级通用著录格式既适用于城市规划、勘察测绘、园林绿化、科学研究、环境保护等类档案的著录，也适用于有关政策法规、计划统计、城市建设管理档案的著录，并可根据各类专业档案的实际情况，确定不同的专业记载项。

通用的工程（项目）级的著录项目与房屋建筑工程档案工程（项目）级著录项目有许多方面相同，在此就不再赘述，只论述不同部分，相同部分的有关内容参考房屋建筑工程档案工程（项目）级著录项目的部分。

一、题名与责任者项

1. 题名

在此，工程（项目）的题名即名称题名一般直接表达工程、项目及有关事项的内容特征、中心主题。

工程地质、水文地质项目名称一般由地址＋工程（项目）名称构成，或由建设单位＋工程（项目）名称构成，必要时增加时间项；测绘项目名称一般由年代＋地址＋等级＋测量类型，或年代＋地名＋比例尺＋测量类型构成。

题名举例：

南京市六合县六城镇居民点地质勘察项目

南京板桥地区水文地质勘察项目

南京市二等三角网及基线网精度估算、基线网最适当权分配计算

1991 南京市老城区 1:20000 彩色红外航摄影像图

1995 年南京市市政公用设施普

南京市河西地区龙江居住区规划设计方案招标项目

玄武湖兰花圃 1964 年冬至 1965 年春绿化工程

2. 文件编号

文件编号著录文件制发机关、工程（项目）、事项承担单位、团体或个人编写的顺序号。

城市建设管理事项一般著录发文号。

勘察、测绘、设计等项目著录项目编号。

科研项目等著录立项编号。

二、专业记载

对于用于房屋建筑物工程、构筑物工程、城市管线工程、建设工程规划管理项目、建设用地规划管理项目以外的城建档案的通用著录格式，各著录机构可以根据本机构对档案信息的管理深度，以及著录对象工程（项目）的特征来自行设置专业记载著录项。也可以不设置专业记载项，将有关内容在附注项中进行著录。

三、著录示例

1. 城市规划档案工程（项目）级著录示例

表格式著录示例

工程（项目）级通用著录单

工程(项目)名称		（民国）THE CITY PLAN OF NANKING		
工程地点				
责任者	责任者1	Henry Killam Murphy（美国 亨利·墨菲）		文号1
	责任者2	Ernest Payson Goodrich（美国 古力治）		文号2
专业记载	专业内容1		专业内容2	
	专业内容3		专业内容4	
	专业内容5		专业内容6	
	起止时间	1929.12.05		

续表

<table>
<tr><td rowspan="4">档案状况</td><td>案卷</td><td colspan="2">1卷581张</td><td>底图</td><td></td><td>照片</td><td></td><td>底片</td><td></td></tr>
<tr><td>录音带</td><td colspan="3"></td><td>录像带</td><td></td><td>磁盘</td><td></td><td>光盘</td><td></td></tr>
<tr><td>磁带</td><td colspan="3"></td><td>缩微片</td><td></td><td colspan="3">其他</td><td></td></tr>
<tr><td>密级</td><td colspan="3">内部</td><td>保管期限</td><td>永久</td><td>移交时间</td><td colspan="3">1980.11.25</td></tr>
<tr><td></td><td>移交单位</td><td colspan="8">南京市城建局</td></tr>
<tr><td>附注</td><td colspan="9">内含照片128张,图59幅,正文为打字机打印,黑色羊皮封面,A4开本。—调阅用复印件!附图见文件级</td></tr>
<tr><td>提要</td><td colspan="9">1927年国民政府定都南京,1928年定南京为特别市,1月成立首都建设委员会,着手国都规划建设,下设"国都设计技术专员办事处"。国民政府本着"用材于外"的原则,聘请美国建筑师墨菲和工程师古力治"使主其事",聘请吕彦直建筑师等国内专家相助。1929年12月,《首都计划》正式由国民政府公布。《首都计划》是南京在民国时期编制的最完整的一部城市规划。</td></tr>
<tr><td rowspan="3">排检与编号</td><td>档号</td><td colspan="4">C21-0001</td><td colspan="5">缩微(电子)号</td></tr>
<tr><td>存放地址</td><td colspan="9">417 库　01 排　01 节(柜)　01 层</td></tr>
<tr><td>主题词</td><td colspan="3">民国</td><td>城市规划</td><td colspan="2">总体规划</td><td colspan="3">规划档案</td></tr>
</table>

通用工程(项目)级段落符号著录格式为:

档号　　　　　　　　　　　　　　　　　　档案馆代号
缩微号　　　　　电子文档号　　　　　　　存放地址号
题名=并列题名;副题名及说明题名文字:文件编号/第一责任者;其他责任者.—密级;保管期限.—起止时间.—载体类型:数量及单位:规格.—专业记载.—附注
　　提要
主题词

城市规划档案工程(项目)级段落符号著录示例：

C23-0162　　　　　　　　　　　　　　　　　　　　432401
　　　　　　　　　　　　　　　　　　　　　　417-01-02-03
南京市城市总体规划(1981~2000)及附件/南京市规划局.—内部；永久.—1980.10.01-1983.10.30.—36卷.—南京市规划局1984.05.11
　　1979年初,南京市规划局组织各有关部门,并邀请了南京工学院(现东南大学)、中科院南京地理所专家参加编制《南京市城市总体规划(1981~2000)》。这次规划根据南京的实际,提出了"圈层式城镇群体布局",于1983年经国务院审批,成为首次具有法律依据的规划文件。规划的范围包括南京市区及江宁、江浦、六合三县。规划期限近期为1985年,远期至2000年。规划的内容包括：一、城市的性质；二、市区规模；三、总体布局；四、工业规划；五、城市交通规划；六、园林绿化规划；七、城市住宅及主要公共建筑规划；八、城市水源和给排水规划；九、城市燃料动力规划；十、电讯规划；十一、环境质量保护规划。
政府机关　市属　政务　城市规划　总体规划　规划档案

2. 政策法规档案工程(项目)级著录示例
　　表格式著录示例：

工程(项目)级通用著录单

工程(项目)名称		关于南京市试行城镇建设用地综合开发意见		
	工程地点			
责任者	责任者1	南京市城建局	文号1	
	责任者2		文号2	
专业记载	专业内容1		专业内容2	
	专业内容3		专业内容4	
	专业内容5		专业内容6	
	起止时间	1980.11.19		

续表

<table>
<tr><td rowspan="5">档案状况</td><td>案卷</td><td>1卷</td><td>底图</td><td colspan="2"></td><td>照片</td><td colspan="2">底片</td></tr>
<tr><td>录音带</td><td></td><td colspan="3">录像带</td><td>磁盘</td><td colspan="2">光盘</td></tr>
<tr><td>磁带</td><td></td><td colspan="3">缩微片</td><td>其他</td><td colspan="2"></td></tr>
<tr><td>密级</td><td>公开</td><td>保管期限</td><td colspan="2">长期</td><td>移交时间</td><td colspan="2">2000-11-18</td></tr>
<tr><td>移交单位</td><td colspan="7">南京市建设委员会</td></tr>
<tr><td>附注</td><td colspan="8"></td></tr>
<tr><td>提要</td><td colspan="8"></td></tr>
<tr><td rowspan="3">排检与编号</td><td>档号</td><td colspan="3">A12-0020</td><td colspan="2">缩微(电子)号</td><td colspan="2"></td></tr>
<tr><td>存放地址</td><td colspan="7">408 库　01 排　03 节(柜)05 层</td></tr>
<tr><td>主题词</td><td colspan="2">党政机关 管理</td><td colspan="2">市属</td><td>政务</td><td colspan="2">用地</td></tr>
</table>

段落符号著录示例：

A12-0019　　　　　　　　　　　　　　　　　　　432401
　　　　　　　　　　　　　　　　　　　　　　503-15-06-03
南京市城镇建设征地有关劳力安置和各项补偿的暂行规定：宁城王字[1980]第87号/南京市城建局．—长期．—1980.11.01.—1卷．—南京市建设委员会 2000.11.18
政府机关　市属　征地　安置　管理规定

3．城市建设管理档案工程(项目)级著录示例表格式著录示例：

工程(项目)级通用著录单

工程(项目)名称		南京市城市建设道桥工程"三五"计划编制说明					
工程地点							
责任者	责任者1	南京市城建局			文号1		
	责任者2				文号2		
专业记载	专业内容1				专业内容2		
	专业内容3				专业内容4		
	专业内容5				专业内容6		
	起止时间	1965.06.12					
档案状况	案卷	2卷	底图		照片		底片
	录音带		录像带		磁盘		光盘
	磁带		缩微片		其他		
	密级	内部	保管期限	长期	移交时间	1990-12-01	
	移交单位			南京市建设委员会			
附注							
提要							
排检与编号	档号	A31-0054			缩微(电子)号		
	存放地址	503库　01排　13节(柜)　02层					
	主题词	政府机关		市属	城市建设		计划

段落符号式著录示例:

A33-0069　　　　　　　　　　　　　　　　　　432401
　　　　　　　　　　　　　　　　　　　　503-01-22-03
南京市1987年新区开发、旧城改造及拆迁情况汇总表/南京市城乡建设委员会.—内部;长期.—.1987.01.01-1987.12.31—载体类型:1卷
政府机关　　市属　　城市建设　　旧城改造　　拆迁　　统计材料

4. 勘察档案工程(项目)级著录示例
表格式著录示例:

工程(项目)级通用著录单

工程(项目)名称		南京市水文地质勘测报告及附图			
工程地点					
责任者	责任者1	南京市城建局		文号1	
	责任者2			文号2	
专业记载	专业内容1			专业内容2	
	专业内容3			专业内容4	
	专业内容5			专业内容6	
	起止时间				
档案状况	案卷	7袋87张	底图	照片	底片
	录音带		录像带	磁盘	光盘
	磁带		缩微片	其他	
	密级	内部	保管期限　永久	移交时间	1981.11.25
	移交单位	南京市规划局			

续表

附注提要	附图放在408库02排02架02档			
排检与编号	档号	B21-0041	缩微(电子)号	
	存放地址	408库 02 排 03 节(柜)02 层		
	主题词	城市建设	市属	地质勘察	水文地质
		勘察档案			

段落符号式著录示例：

B11-0323　　　　　　　　　　　　　　　　　　432401
　　　　　　　　　　　　　　　　　　　　408-02-03-01
(民国)栖霞山地质图/(民国)国立中央研究院地质研究所．—永久．—民国二十一年(1932年)．—载体类型:数量及单位:规格．—绘制人:喻德渊;地质调查人:李四光、朱森．—2002.10.15移交
　　限制利用
科研设计　　民国　　研究所　　工程地质　　勘察档案

5. 测绘档案工程(项目)级著录示例
表格式著录示例：

工程(项目)级通用著录单

工程(项目)名称	(民国)首都城市石印图(NANKING)(1:25000)		
工程地点			
责任者	责任者1	(民国)总理陵园管理委员会	文号1	
	责任者2		文号2	

续表

专业记载	专业内容1	比例1:25000		专业内容2	
	专业内容3			专业内容4	
	专业内容5			专业内容6	
	起止时间	1927 年			
档案状况	案卷		底图	照片	底片
	录音带		录像带	磁盘	光盘
	磁带		缩微片	其他	
	密级		保管期限	移交时间	1980.11.25
	移交单位		南京市城市建设局		
附注	Drawn, Heliozin cographed and Printed at the Ordnance Survey Office, Southampton, 1927.				
提要			限制利用!		
排检与编号	档号	B40-0021		缩微(电子)号	
	存放地址	417 库　02 排　01 节(柜)01 层			
	主题词	城市建设	民国	测绘	地图

段落符号式著录示例:

B40-0051　　　　　　　　　　　　　　　　　　432401
　　　　　　　　　　　　　　　　　　　　412-03-02-04
南京新生圩、胜利圩、划子口地形图(1:10000)/南京市测绘院.—内部;长期.—1987第一版.—1袋4幅;60×60.—1954年北京坐标系;1956年黄海高程系.—采用1984年出版的五千分之一航摄成图;1987年缩制
科研设计　　市属　　测绘　　地形图　　测绘档案

6. 园林绿化、名胜古迹档案工程(项目)级著录示例

表格式著录示例：

工程(项目)级通用著录单

工程(项目)名称		江南报恩寺琉璃宝塔全图				
工程地点						
责任者	责任者1	□□□			文号1	
	责任者2				文号2	
专业记载	专业内容1			专业内容2		
	专业内容3			专业内容4		
	专业内容5			专业内容6		
	起止时间					
档案状况	案卷	1袋1张	底图	照片	1张	底片
	录音带		录像带	磁盘		光盘
	磁带		缩微片	其他		
	密级	控制利用	保管期限	永久	移交时间	1980.11.25
	移交单位		南京市城建局			
附注	南京市博物馆鉴定认为：此图中一张完整的为嘉庆五——七年原物复制，距今约180年，此塔最后毁于咸丰年间(距今约120多年)因此，这张图是培毁以前五十年的原貌。此图很珍贵，希保护好，它比较能反映当时面貌。虽然是后复制品，但图为原物复制。很难得。					
提要	报恩寺塔是南京最大的一座琉璃宝塔。明成祖登上皇位后，为了纪念他死去的生母硕氏而建。于永乐十年开始建塔，直至宣德六年八月竣工，先后费时达十九年之久，所贷银二百四十八万五千多两。塔身高三十二丈九尺四寸九分(约88米)。九级八面，全部用白石和五色琉璃瓷砖砌成，名闻中外，世人为之赞叹。十八世纪欧洲来华传教士、商人在《游记》中曾经把它看成是南京的象征，认为是"世界第一塔"，并以此与罗马教堂，比萨斜塔和亚历山大陵墓，相提并论，共称为"世界四大奇观"。					
排检与编号	档号	J65-0167		缩微(电子)号		
	存放地址	408库 03 排 02 节(柜)01 层				
	主题词	名胜古迹	明朝	纪念塔		图画

段落符号式著录示例:

J65-0079   432401
                                                 408-03-14-01
(清)新建通济门外石闸碑记/(清)左宗棠书.—内部:永久.—拓片:1袋1幅:118cm×78cm.—碑刻年代为1883年;左宗棠书[南京市城建局1980.11.25移交]

  碑文摘要:"光绪八年十月诓土","九年十二月而闸工始成命日通济闸","计长二十四丈宽三丈六尺高二丈六尺闸门五道上建屋五樾存闸板","光绪九年左宗棠书时年七十又二"。
名胜古迹 清朝 石碑 拓片

7. 科学研究档案工程(项目)级著录示例
表格式著录示例:

工程(项目)级通用著录单

工程(项目)名称		南京市勘测设计院科技成果"城市暴雨公式"				
责任者	工程地点					
	责任者1	南京市勘测设计院		文号1		
	责任者2			文号2		
专业记载	专业内容1			专业内容2		
	专业内容3			专业内容4		
	专业内容5			专业内容6		
	起止时间	1979.07.19-1979.11.06				
档案状况	案卷	1卷	底图	照片		底片
	录音带		录像带	磁盘		光盘
	磁带		缩微片	其他		
	密级		保管期限	长期	移交时间	1980.11.25
	移交单位		南京市规划局			

续表

排检与编号	附注			
	提要			
	档号	L30-0003	缩微(电子)号	
	存放地址	512 库 83 排 13 节(柜) 05 层		
	主题词	科研设计	市属	研究院	科研成果

段落符号式著录示例：

L41-0021　　　　　　　　　　　　　　　　　　　　　432401
　　　　　　　　　　　　　　　　　　　　　503-22-10-02
城建系统二十八年来重要科技成果项目汇总/南京市城建局．—长期．—1978.12.30.—1 卷．—南京市城乡建设委员会；1986.10.06 移交
城市建设　　市属　　科研成果　　汇总

8. 环境保护档案工程(项目)级著录示例

表格式著录示例：

工程(项目)级通用著录单

工程(项目)名称		南京市燕－栖地区环境质量评价		
工程地点				
责任者	责任者1	南京市环保局	文号1	
	责任者2		文号2	

续表

专业记载	专业内容1			专业内容2		
	专业内容3			专业内容4		
	专业内容5			专业内容6		
	起止时间	1979.01.01-1981.08.13				

档案状况	案卷	1卷	底图		照片		底片	
	录音带		录像带		磁盘		光盘	
	磁带		缩微片		其他			
	密级	公开	保管期限	长期	移交时间	1991.01.01		
	移交单位			南京市环保局				

附注	
提要	

排检与编号	档号	K10-0061		缩微(电子)号		
	存放地址	库	排	节(柜)		层
	主题词	政府机关	市属	环境保护		环境调查

段落符号式著录示例：

K10-0003　　　　　　　　　　　　　　　　432401
　　　　　　　　　　　　　　　　　　　502-12-87-01
南京市环境保护"七·五"规划及其2000年设想/南京市环保局．—机密；长期．—1985.01.01．—1册．—南京市环保局1991.01.01
政府机关　市属　环境保护　规划

9. 设计档案工程(项目)级著录示例

表格式著录示例:

工程(项目)级通用著录单

工程(项目)名称		雨花台烈士陵园忠魂亭及广场设计项目			
工程地点		雨花区雨花台			
责任者	责任者1	南京市建筑设计院		文号1	
	责任者2			文号2	
专业记载	专业内容1	设计号95061		专业内容2	
	专业内容3			专业内容4	
	专业内容5			专业内容6	
	起止时间	1995.11.10-1995.12.26			
档案状况	案卷	2卷	底图	18张	照片		底片	
	录音带		录像带		磁盘		光盘	
	磁带		缩微片		其他			
	密级	公开	保管期限	长期	移交时间	2003.06.30		
	移交单位	南京市建筑设计院						
附注								
提要								
排检与编号	档号	P11-0670		缩微(电子)号				
	存放地址	410库	排	节(柜)	层			
	主题词	城市建设	市属	建筑设计	园林			
		亭台	设计档案					

段落符号著录式示例:

P11-0652　　　　　　　　　　　　　　　　　　　　432401
　　　　　　　　　　　　　　　　　　　　　　410-22-06-04
南京市人口管理干部学院综合楼设计项目:设计号 94080/南京市建筑设计院 .—内部;永久 .—1994.05.21-1994.07.20.—4 卷:底图 43 张 .—南京市建筑设计院 2003.06.30 移交
建筑设计　　教育　　市属　　大专院校　　综合楼　　设计档案

第四章 案卷级著录

第一节 案卷级著录细则

案卷级著录作为层级链中的中间一环,起着上承项目级,下连文件级的作用。案卷作为城建档案管理的实体对象,其著录反映的信息以侧重实体管理需求为目的。案卷级著录为通用格式,适用于各类城建档案的案卷级著录,一般没有必要为不同类的城建档案设置不同的案卷著录内容。

一、题名与责任者项

1. 题名

案卷的题目是在档案整理立卷时拟定的,并书写在案卷封面上,一般只有一个,即正题名,著录正题名照原文著录。以第二种语言文字书写的与正题名对照的并列题名,必要时与正题名一并著录。在段落符号著录格式中,并列题名前加"="号。

有些非工程类的城建档案项目其案卷只有一卷,案卷题名与项目题名相同时,可以只进行项目级著录,将项目、案卷两级著录合二为一。

案卷题名拟写要求做到与工程(项目)题名的一致性和自身的惟一性相结合。一方面,案卷题名一般由工程(项目)题名深化而来,应承袭工程(项目)题名的主体部分,确保与工程(项目)题名在文字和语意上的一致,如工程(项目)级题名为"南京大学邵逸夫馆",则案卷题名应该以"南京大学邵逸夫馆"为其必要组成部分,加本卷内容部分,如"南京大学邵逸夫馆工程立项文件"。另一方面,同一工程(项目)的案卷题名的一致部分,表现在都应该表达相同的工程(项目)题名,如南京大学邵逸夫馆工程各案卷题名为：
(1) 南京大学邵逸夫馆工程立项文件
(2) 南京大学邵逸夫馆招投标文件
(3) 南京大学邵逸夫馆开工审批及财务文件
(4) 南京大学邵逸夫馆工程监理文件
……

"南京大学邵逸夫馆"是该工程（项目）的每一个案卷都应该表达的、相同的部分。

此外，案卷题名的拟写必须做到惟一性，不应该出现案卷名称相同的现象。由于工程项目的不同、档案类别的不同，在城建档案中往往会有某一类、某一份文件（图纸）特别多，如施工文件中的桩基础施工记录、隐蔽工程验收记录、各专业图纸等，以至于一个案卷装不下，需要立若干个案卷，有的甚至无法用文件本身固有的编号、特征加以描述，势必造成案卷内容名称重复，我们在拟定案卷内容名称时，可以加入卷册序号、图号等以示区别。如：

南京大学邵逸夫馆隐蔽工程验收记录之一
南京大学邵逸夫馆隐蔽工程验收记录之二
……

对于文件本身没有固有的编号、特征可以描述的，可以增加"之一"、"之二"之类的卷册序号以示区别。对于有固有的编号或特征可以描述的，应该充分利用。如：

南京大学邵逸夫馆建筑竣工图（建竣1~建竣20）
南京大学邵逸夫馆建筑竣工图（建竣21~建竣40）

当然，在同一份、一种文件立卷一般不多于3卷的情况下，也可以概括性的表述，如：

南京大学邵逸夫馆建筑竣工图之一
南京大学邵逸夫馆建筑竣工图之二

这样有利于检索和调阅。

当一个项目只有一个案卷，并且案卷名称与项目名称相同时,案卷题名就是项目题名。如"1997年南京市环境质量报告"、"南京新街口地区交通流量调查"。

原题名含意不清或无题名的,应重新拟写题名后再著录。并加"[ ]"号。

正题名能够反映档案内容时,副题名不必著录。副题名是解释或从属于正题名的另一题名。说明题名文字是对档案内容、范围、用途等进行说明,如上述案卷题名示例中"建竣1~建竣20"。一般在案卷级著录项中,不需要单独设置说明题名文字项,而将其并入正题名,作为正题名的组成部分。在计算机管理条件下,题名往往设置有字数长度限制,如果必须著录文字说明时,可以在附注项中著录。

2. 责任者

案卷责任者指文件材料的形成单位或个人,但在各类工程档案中,构成一个案卷的同一类文件的责任者会有几个,十几个,甚至几十个,如砖、水泥、钢筋等建筑材料的试验报告、出厂证明等需要长期保存的文件,其供货厂商不同,检测单位也不同,这些文件的责任者就很多,著录任何一个单位都不具备代表性,对此通常的方法是此类案卷的责任者著录工程的建设单位,即工程甲方,而且只著第一责任者。

在段落符号著录格式中,第一责任者前加"/"号,其他责任者前加";"。

一般情况下,案卷级不必设置和著录文件编号项。

二、密级与保管期限项

1. 密级

案卷级的密级根据立卷时确定的案卷密级著录。案卷的密级一般依据本案卷中文件的最高保密程度的等级确定。对已升、降、解密的,应著录新密级。密级为"公开级"、"国内级"、"内部级"时,一般不必著录。

在段落符号著录格式中,其前加".—"号。

2. 保管期限

保管期限一般按案卷组成时所定保管期限著录，对已更改的，应著录新的保管期限。

在段落符号著录格式中，其前加";"号。当密级与保管期限项中不著录密级时，小项保管期限前不加";"号。例如：.—长期。

三、时间项

对案卷级时间项著录案卷内文件形成的日期，可以是一个日期，也可以是一个时间范围。

一般案卷起止时间为卷内文件形成最早、最晚时间。起止时间中间用"－"相连，如："1987.07.03－1988.12.14"。著录时间时，年、月、日之间用"."号相隔，如"1985年12月10日"著录为"1985.12.10"。没有形成时间或形成时间不清的案卷，应根据其内容、形式、载体特征等考证出形成时间著录，并加"[ ]"号；或著录文件上的其他时间，如收文时间、审核时间、印发时间等，并在附注项中说明。如考证无结果，且无其他时间，则以三个"□"代之，著录为"□□□"。

在段落符号著录格式中，其前加".—"号。

四、载体与数量项

1. 载体类型

载体类型项著录档案载体的物质形态特征。载体类型分为底图、缩微片、照片、底片、录音带、录像带、光盘、计算机磁盘、计算机磁带、电影胶片、唱片等。根据档案实际载体类型著录，除底图外，以纸为载体的档案一律不著录本项。

2. 数量及单位

数量著录时必须用阿拉伯数字，单位用与档案案卷物质形态相一致的统计单位，如"卷"、"袋"、"册"、"盒"等。在段落符号著录格式中，其前加".—"号。

3. 规格

规格指档案载体的尺寸及型号,如"16mm","5吋"。在段落符号著录格式中,其前加":"号。

例如:

.—BT 带:3 盒

.—16 幅:60mm×60mm

五、附注与提要项

1. 附注

附注项著录各个项目中需要解释和补充的事项,依各项目的顺序著录,项目以外需要解释和补充的列在最后。

在段落符号著录格式中,每一条附注均以".—"分隔。如每一条附注都分段著录时,可省略该著录符号。

2. 提要

提要项是对本案卷内容和特征以及与项目、其他案卷的联系进行说明和评述。一般情况下案卷级不著录提要。

六、排检与编号项

排检与编号项是案卷实体管理的依据和手段,它们对应和继承工程项目级排检与编号项的主体部分并加以细化。

1. 档号

案卷的档号是档案馆(室)在档案整理过程中对档案的编号。

案卷级的档号由分类号、项目号、案卷序号组成,即:

工程(项目)档号+案卷序号。

案卷序号的编排的基本方式有三种:

第一种方法是在一个工程项目内编从 $1 \sim N$ 的顺序号。如:

这种方法可以通过档号清晰地反映该项目的案卷数量，占用档号位数资源少，适用组织案卷的分类——流水排架，便于进行档案的实体管理。并且可以演变成大类流水、属类流水等多种档号编排方法和案卷排架组织方式。

第二种方法是案卷序号为本案卷在某一类别——大类、属类或者小类中排列的顺序号。如：

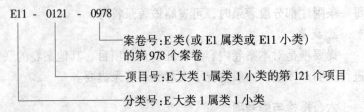

这种方法适用于手工管理模式下的排架管理的组织，优点是便于调卷和归卷。

第三种方法是案卷序号为案卷总流水号，即总账号。如

G31 - 1457
　　　　└──案卷总流水号：本馆馆藏第 1457 个(号)案卷
　　　└───分类号：G 大类 3 属类 1 小类

这种方法，其档案的排架与档案实体分类无关，而与档案实体进馆入库的先后次序有关，而且必须运用计算机才能有效地进行管理和利用。从形式上看，其档号结构简单了，但从实质上看，失去了对工程项目主体的管理。

因此，这三种方法适用于不同的案卷排架组织方法，并且也各有利弊。

在具体的著录工作中，案卷序号依据各馆在本馆分类法

(细)则中的规定进行。

在段落符号著录格式中，档号置于条目左上角第一行。档号中各号之间用"-"号，占一个字节。

2. 缩微号/电子文档号

缩微号是档案馆（室）赋予档案缩微品的编号。

电子文档号是档案馆、室管理电子文件的一组符号代码。

在段落符号格式中，缩微号或电子文档号置于条目左上角第二行，与档号齐头。

3. 存放地址号

存放地址号著录本卷档案存放处的编号。一般包括库号、列（排）号、节（柜）号、层号。

在段落符号著录格式中以"-"连接各级编号，置于条目右上角第二行，与档案馆代号齐头。

4. 主题词

用于揭示本卷档案内容的规范化的词或词组。按照 DA/T19—1999《档案主题标引规则》、《中国档案主题词表》、《城建档案主题词表》等进行标引。

案卷级著录，一般著录 4~6 个主题词。案卷级的主题词必须继承工程（项目）级的共性部分——工程建设单位性质、单位行业分类、工程项目的种类或名称、档案的属性分类外，应着重反映案卷的基本内容，增加反映案卷内容部分的主题词。形成工程建设单位性质、单位行业分类、工程项目的种类或名称、档案的属性分类、案卷内容的案卷主题词主体构成形式。

例如：

"上海锦江麦德龙购物中心有限公司南京雨花商场工程规划审批项目"的工程（项目）级主题词是：商业贸易 外商 百货 超级市场 工程规划。

该项目有三个案卷：

上海锦江麦德龙购物中心有限公司南京雨花商场工程规划申报材料 文字材料

上海锦江麦德龙购物中心有限公司南京雨花商场工程规划方案审查意见及附图

上海锦江麦德龙购物中心有限公司南京雨花商场工程规划核准图样

其三个案卷的主题词分别为：

商业贸易　外商　百货　超级市场　工程规划　申报材料
商业贸易　外商　百货　超级市场　工程规划　审查意见
商业贸易　外商　百货　超级市场　工程规划　核准图

在段落符号著录格式中，各词之间空一个汉字位置，一个词或词组不得分两行书写。

第二节　案卷级著录格式与著录示例

一、表格著录格式与示例

1. 表格著录格式

表格著录格式如下：

案卷级通用著录单

档号		缩微/电子号	
存放地址	库　　列（排）	节（柜）	层
案卷题名			
编制单位			
载体类型	数量/单位	规格	
卷内文件起始时间	卷内文件终止时间		
保管期限	密级		
附注			
主题词			

2. 表格著录格式著录示例

案卷级表格式著录示例如下：

案卷级通用著录单

档号	I11-1613-0002	缩微/电子号	
存放地址	512 库 22 列（排） 05 节（柜） 03 层			
案卷题名	钟山花园城博雅居C1-16幢住宅工程建材质保及工艺性试验报告之一			
编制单位	南京市经济实用住房发展中心			
载体类型		数量/单位	182 页	规格
卷内文件起始时间	2001-09-18	卷内文件终止时间	2002-11-28	
保管期限	长期	密级	内部	
附注				
主题词	城市建设 市属 房地产开发 住宅 竣工档案 施工文件			

二、符号式著录格式

1. 段落符号式著录格式要求

案卷级段落符号式著录格式将案卷著录项目划分为四个段落。第一段落中档号、缩微号分别置于条目左上角的第一、二行，档案馆代号、存放地址号分别置于右上角第一、二行，电子文档号置于第二行中间。第二段落从第三行与档号齐头处依次著录题名与责任者项、稿本与文种项、密级与保管期限项、时间项、载体与数量项、附注项，回行时，齐头著录。第三段落另起一行空两格著录提要，回行时与一、二、三段落齐头。第四段落另起一行齐头著录主题词，各词之间空一格。

案卷级段落符号式著录条目的形式为卡片式或书本式。卡片式时卡片尺寸一般为 12.5cm×7.5cm 的标准尺寸，著录时卡片四周均应留 1cm 空隙，如卡片正面著录不完，可接背面连续著录。书本式是在簿册纸张上连续书写排列好的案卷著录条目，每个条目间空一行。

2. 案卷级段落符号式著录格式形式

档号　　　　　　　　　　　　　　　　　档案馆代号
　缩微号　　　　　电子文档号　　　　　存放地址号
正题名＝并列题名；副题名及题名说明文字：编制单位 .—密级：保管期限 .—案卷内文件起止时间 .—载体类型：数量及单位：规格 .—附注
　　提要
主题词

3. 案卷级段落符号式条目著录格式示例

J11-0288-0001　　　　　　　　　　　　　　432401
　　　　　　　　　　　　　　　　　　　　410-12-05-05
（民国）中山陵祭堂、墓室建筑设计底图/（民国）总理陵园管理委员会 .—内部：永久 .—1924.05.04-1930.06.18.—底图：1 袋 12 张 .—（民国）彦记建筑事务所设计 .—1980.11.25 南京市城建局移交 .—控制利用
　　民国　陵墓　中山陵　设计档案　底图

第五章 文件级著录

第一节 文件级著录细则

文件级著录是城建档案三级著录的最底层,是对单份文件进行的著录。文件是支撑城建档案的最小单元,具体、细小而纷杂繁多。从工作量上看,文件级著录的工作量往往是案卷的几十倍、上百倍,因此,各著录机构在开展文件级著录时,应充分考虑城建档案信息管理和利用的实际需求,以及经济可行性。

一、题名与责任者项

1. 题名

文件的题名又称标题、题目,是直接表达档案中心内容、形式特征的名称。

正题名是档案的主要题名,一般指单份文件文首的题目名称,正题名照原文著录。对于以第二种语言文字书写的与正题名对照的并列题名,必要时与正题名一并著录。副题名是解释或从属于正题名的另一题名。副题名照原文著录,正题名能够反映档案内容时,副题名不必著录。说明题名文字是指在题名前后对档案内容、范围、用途等的文字说明。

原题名含意不清或无题名的,应重新拟写题名后再著录。并加"[ ]"号。单份文件的题名不能确切反映文件内容时,原题名照录,并根据文件内容另拟题名附后,加"[ ]"号。无题名的单份文件,依据内容拟写题名,并加"[ ]"号。

根据城建档案涉及文件的特点,一般文件级只著录正题名。一些文件材料没有名称,必须根据文件的内容拟写题名;另一方面,有些工程施工文件为通用或代用表式文件,文件材料书写材料上印刷的是统一名称，必须根据具体内容拟写文件材料名称。例如建设工程施工中的"分部工程质量验收记录"往往是使用统一印制的表格，在著录题名时不能只著录表格的名称——"分部工程质量验收记录"，而应该写明记录的具体内容，如"主体工程分部工程质量验收记录"、"二层地面分部工程质量验收记录"等等。再者，对于多责任者的同一类文件，如砖、水泥、钢筋等建筑材料的试验报告、出厂证明等需要长期保存的文件，其供货厂商不同，检测单位也不同，这些文件的责任者就很多，其同一内容的文件可以合并在一起，著录1~2个主要责任者。

在段落符号著录格式中，并列题名前加"="号，副题名及说明题名文字前加";"号。

2. 文件编号

文件编号著录文件制发机关、团体或个人编写的顺序号，包括发文字号、图号等，按照原文字和符号著录。如"国务院批转全国科学技术档案工作会议的报告"的一文，其文号为"国发〔1980〕246号"，文件编号项著录"国发〔1980〕246号"。

竣工图应著录竣工图的编号。如：建竣–16。

以施工图加盖竣工图章代竣工图的，依然著录施工图纸的编号。如：建施–12。

在段落符号著录格式中，其前加":"号。

3. 责任者

文件级的责任者指文件材料的形成单位或个人，分第一责任者和其他责任者。第一责任者是指列于首位的责任者，其他责任者是指除第一责任者以外的责任者，一般只著第一责任者，最多著录两个责任者。

团体责任者必须著录全称，并且应著其对外公开名称，如"南京无线电厂"，而非此厂代号"七一四厂"。

历代政权机关团体责任者，著录时其前应冠以朝代或政权名称，并加"（ ）"号。如"（民国）总理陵园管理委员会"。

个人责任者一般只著录姓名，必要时在姓名后著录职务，并加"（ ）"号。

文件所署个人责任者为别名、笔名等时，均照原文著录，但应将其真实姓名附后，并加"（ ）"号。

外国责任者，应著录各历史时期易于识别的国别简称、统一的中文姓氏译名、姓氏原文和名的缩写，一般采用名在前、姓在后的顺序。国别、姓氏的原文和名的缩写均加"（ ）"号。

未署责任者的文件，应著录根据其内容、形式特征考证出的责任者，并加"[ ]"号。经考证仍无结果时，以三个"□"代之，著录为"□□□"。

文件的责任者有误，仍照原文著录，但应考证出真实责任者附后，并加"[ ]"号。经考证仍无结果时，以三个"□"代之，著录为"□□□"。

需要说明的是责任者并非是必须完全对文件的内容进行负责的单位和个人，而应该是文件的制作或形成者。如"图纸会审记录"，参与图纸会审的单位由建设、设计、施工、监理等，但其责任者是承担"图纸会审记录"的记录单位。

在段落符号著录格式中，第一责任者前加"/"号，其他责任者前加"；"。

二、文（稿）本

文（稿）本是指档案的文稿、文本和版本，依实际情况著录为正本、副本、草稿、定稿、手稿、草图、原图、底图、蓝图、试行本、修订本、复印件等。

在段落符号著录格式中，其前加".—"号。

三、密级与保管期限项

1. 密级

文件的密级按文件形成时所定密级著录，对已升、降、解密的，应著录新密级。密级为"公开级"、"国内级"、"内部级"时，一般不必著录。

在段落符号著录格式中，其前加".—"号。

2．保管期限

文件的保管期限是指根据文件价值确定的文件应该保存的时间，一般分为永久、长期、短期三种。建设工程文件的保管期限的确定可以参照《建设工程文件归档整理规范》的规定。对于已经更改的，应著录新的保管期限。

在段落符号著录格式中，其前加"；"号。当密级与保管期限项中不著录密级时，小项保管期限前则不加"；"。例如：．—永久。

四、时间项

对文件级著录，时间项著录文件形成时间。一般文书如计划通知、项目申请报告、工程项目批复的形成时间为发文时间；决议、决定、规定为通过时间或发布时间；工程合同、协议书为签署时间；报表计划为编制时间；工程设计图纸为设计时间；工程竣工图为编制完成时间，如图上没有签注编制完成时间，则以工程竣工时间代替。

没有形成时间或形成时间不清的文件，应根据其内容、形式、载体特征等考证出形成时间著录，并加"[ ]"号，同时应在附注项中说明。如考证无结果，且无其他时间，则以三个"□"代之，著录为"□□□"。

在段落符号著录格式中，其前加".—"号。

五、载体与数量项

1．载体类型

载体类型项著录档案载体的物质形态特征。

载体类型分为底图、缩微片、照片、底片、录音带、录像带、光盘、计算机磁盘、计算机磁带、电影胶片、唱片等。根据档案文件的实际载体类型著录，除底图外，以纸为载体的档案一律不著录本项。

在段落符号著录格式中，其前加".—"号。

2. 数量及单位

数量用阿拉伯数字，单位用档案物质形态的统计单位，如"页"、"张"、"盘"、"幅"等。

在段落符号著录格式中，其前加"："号。

3. 规格

规格著录文件载体的尺寸及型号，如"A0"、"210cm×160cm"、"16mm"等。

在段落符号著录格式中，其前加"："号。例如：.—蜡布底图：1张：A2。

六、附注与提要项

1. 附注

附注项著录各个项目中需要解释和补充的事项，依各项目的顺序著录，项目以外需要解释和补充的列在最后。

在段落符号著录格式中，每一条附注均以".—"分隔。如每一条附注都分段著录时，可省略该著录符号。

2. 提要

提要项是对文件内容的摘编和评述，应力求反映其主题内容、重要数据（包括技术参数）。一般不超过200字。

在段落符号著录格式中，提要项在附注项之后另起一段空两个汉字位置著录。

七、排检与编号项

排检与编号项是目录排检和档案馆（室）业务注记项。

1. 档号

文件档号是档案馆（室）在档案整理过程中对档案的编号。文件级的档号由分类号、项目号、案卷号、件号或页号组成。即"案卷档号+件号或页号"。件号或页号是指案卷内每一文件的顺序号或首页的编号。例如：E23-0121-0012-038。其中038就是文件的件号或页号，表示 E23-0121 中的第 0012 案卷的第 38 件文件（或第 38 页）。

具体的档号著录依据各馆制定的分类法（细）则的规定进行。

在段落符号著录格式中，档号置于条目左上角第一行。档号中各号之间用"-"号，占一个字节。

2. 档案馆代号

档案馆（室）代号按照国家统一规定填写。尚无代号的，暂时不填，但应留出位置，以备将来填写。

在段落符号格式中，档案馆代号置于条目右上角第一行。

3. 缩微号和电子文档号

缩微号是档案馆（室）赋予档案缩微品的编号。电子文档号是档案馆、室对声像档案数字化后形成的电子文件所编制的一组符号代码。

在段落符号格式中，缩微号置于条目右上角第二行，电子文档号置于第二行中间。

4. 存放地址号

存放地址号著录文件所属案卷存放的库房、柜架的编号。一般包括库号、列（排）号、节（柜）号、层号。各号之间用"-"间隔。

在段落符号格式中，档案馆代号置于条目右上角第一行。存放地址号置于条目右上角第二行，与档案馆代号齐头。

5. 主题词

同样，文件级的主题词除沿用案卷级的主题词外，应增加 1~3 个反映文件内容部分的主题词。

文件级主题词的反映对象有：工程建设单位性质、单位行业分类、工程项目的种类或名称、档案的属性分类、案卷内容以及文件内容。

在此，以第四章案卷级的主题词的一个为例，进一步说明文件级的主题词拟写。

案卷题名：上海锦江麦德龙购物中心有限公司南京雨花商场工程规划方案审查意见及附图

主题词：商业贸易　外商　百货　超级市场　工程规划　审查意见

该卷中"用地方案审核意见"、"工程规划设计要点"文件的主题词分别为：

商业贸易　外商　百货　超级市场　工程规划　审查意见　用地　方案

商业贸易　外商　百货　超级市场　工程规划　审查意见　设计　要点

主题词按照 DA/T 19-1999《档案主题标引规则》、《中国档案主题词表》、《城建档案主题词表》等进行标引。

主题词著录于附注与提要项之后，另起一段齐头著录。各词之间空一个汉字位置，一个词或词组不得分两行书写。

第二节　文件级著录格式与著录示例

一、表格式

1. 文件级表格式著录表示例

文 件 级 著 录 表

档　号			缩微(电子)号		
存放地址		库　　排　　节(柜)　　层			
文件题名					
责任者1					
责任者2					
文(图)号		文本		形成时间	
载体类型		数量/单位		规格	
密级		保管期限			
附注					
主题词					
提要					

2. 文件级表格式著录示例

文 件 级 著 录 表

档号	C22-0036-0001-0001	缩微 (电子)号	
存放地址	417 库　　02 排　　01 节(柜)　　03 层			
文件题名	南京市主要工厂分布现状图(1:20000)		
责任者1	南京市城建局		
责任者2			
文(图)号	文本	正本	形成时间	[1953]
载体类型	数量/单位	1 幅	规格	1200mm×950mm
密级	保管期限	永久		
附注	绘于南京市市政建设委员会1953年制1:20000地形图上		
主题词	城市建设　南京　城市规划　规划档案　工业　现状图		
提要	标注有电器制造、纺织染厂等11种工厂及其动力、人员的数量		

二、文件级段落符号式著录格式

1. 文件级段落符号式著录格式示例

档号 　　　　　　　　　　　　　　　档案馆代号
缩微号　　　　电子文档号　　　　　　存放地址号
正题名＝并列题名；副题名及题名说明文字：文件编号/第一责任者；其他责任者．—稿本：文种．—密级：保管期限．—文件形成时间．—载体类型：数量及单位：规格．—附注
主题词
　　提要

2. 文件级段落符号式著录示例

C21-0003-0001　　　　　　　　　　　　　　432401
　　　　　　　　　　　　　　　　　　　417-02-01-01
（民国）首都城市石印图（NANKING）/（民国）总理陵园管理委员会．—印刷稿．—公开：永久．—［1927］．—1幅：80cm×60cm．—1：25000．—Drawn, Heliozin cographed and Printed at the Ordnance Survey Office, Southampton, 1927
　　　　限制利用
城市建设　民国　测绘　地图

第六章 声像档案著录

第一节 声像档案著录细则

声像档案是指在各项工作和社会活动中直接形成的有保存价值的以磁性材料或感光材料为载体、以音像为主要反映方式的记录，包括相片、录音、录像制品、影视片、光盘以及相应的说明文字等。声像档案是城建档案中最具特色的，它以直观、形象、生动的多媒体反映历史。绝大多数城建档案馆不仅接收大量的城建声像档案，而且自己也拍摄形成大量记载城市变迁的声像材料，形成声像档案。

声像档案的整理、著录、编目以及管理和利用应该结合其特点。声像档案的著录单位因对象而异，照片一般以自然张或若干张（一组）联系密切的为单位著录；录像、电影、录音等声像档案虽然以盒、盘为保管单位，但为了便于利用以及发挥计算机管理的优势，也应该以单份文件为单位进行著录。因此，建议声像档案以文件级为管理主体。声像档案的著录既可以直接采用文件级著录形式与格式，也可以设置专门的声像档案著录形式与格式。

一、题名与责任者项

1. 题名

声像档案一般只设正题名，即题名。题名是指声像文件的题目名称，照原文著录。以第二种语言文字书写题名在没有设置并列题名的情况下，必要时与正题名一并著录。声像文件的题名不能确切反映文件内容时，原题名照录，在提要项中作必要说明。无题名的声像文件，根据文件内容另拟题名。以一组照片或声像文件为单位著录时，题名应根据题名拟写要素，简明概括、准确反映这一组文件的基本内容。

由于声像档案的特殊性，对于在题名前后对档案内容、范围、用途等进行说明的说明题名文字可能比较复杂，故一般在提要中具体说明，在题名项中不设置说明题名文字。

在段落符号著录格式中，并列题名前加"="号，副题名及说明题名文字前加";"号。

2. 地址

地址项著录录像、照片等的拍摄地址，应著录到区名、路名甚至方位角度。

在段落符号著录格式中，其前加":"号。

3. 文件编号

声像档案的文件编号是声像文件形成或整理机关、团体或个人编写的顺序号，包括底片号、参见号、载体编号等，按照原文字和符号著录。

底片号是指本张（组）照片相对应的底片的编号。

参见号指的是与本张（组）照片有联系的其他档案的档号。既可以是对应的文字材料，也可以是一组（张）照片。

载体编号是指声像文件的载体的编号。声像档案往往在一个载体如像册、光盘等内存放了许多文件，进行文件级著录必须标明载体的编号，以便管理和利用。

以一组声像文件为单位著录时，底片号、载体号均应著录起止号。

在段落符号著录格式中，其前加":"号。

4. 责任者

责任者即摄影、录音、制作者，著录声像文件材料的形成、制作或拍摄单位与个人。多责任者只著2个。

清朝、民国责任者，著录时其前应冠以朝代或政权名称，并加"（ ）"号。如"（民国）南京特别市公务局"。

个人责任者一般只著录姓名，必要时在姓名后著录职务，并加"（ ）"号。

声像文件所署个人责任者为别名、笔名等时，均照原文著录，但应将其真实姓名附后，并加"（ ）"号。

未署责任者的文件，应著录根据其内容、形式特征考证出的责任者，并加"[ ]"号。经考证仍无结果时，以三个"□"代之，著录为"□□□"。

对于城建档案馆自己组织拍摄的照片，责任者应著录单位名，必要时加著摄影者姓名。

在段落符号著录格式中，第一责任者前加"/"号，其他责任者前加"；"。

二、稿本项

稿本是指声像档案的版本情况，依实际情况著录为原版、拷贝、母带、母片、复制件等。

在段落符号著录格式中，其前加"．—"号。

三、密级与保管期限项

1. 密级

密级著录文件保密程度的等级，一般按声像文件形成时所定密级著录，对已升、降、解密的，应著录新密级。密级为"公开级"、"国内级"、"内部级"时，一般不必著录。

在段落符号著录格式中，其前加"．—"号。

2. 保管期限

保管期限根据声像档案价值确定的档案应该保存的时间进行著录，一般分为永久、长期、短期三种。对已更改的，应著录新的保管期限。

在段落符号著录格式中，其前加"；"号。当密级与保管期限项中不著录密级时，小项保管期限前则不加"；"。

四、时间项

时间项著录声像档案文件拍摄、录音、制作的形成时间。著录时间时，年、月、日之间用"."号相隔，如"1985年12月10日"著录为"1985.12.10"。没有形成时间或形成时间不清的文件，应根据其内容、形式、载体特征等考证出形成时间著录，并加"[ ]"号并在附注项中说明。如考证无结果，且无其他时间，则以三个"□"代之，著录为"□□□"。

以一组声像文件为单位著录时，时间应著录起止时间。

在段落符号著录格式中，其前加".—"号。

五、载体与数量项

1. 载体类型

声像载体类型项著录档案载体的物质形态特征。声像档案载体类型分为照片（黑白、彩色）、底片（黑白、彩色）、反转片（黑白、彩色）、缩微片、录音带、录像带、光盘、计算机磁盘、计算机磁带、电影胶片、唱片等。鉴于新型的照片档案载体不断涌现，硬盘、存储卡等也应列入载体类型，并根据档案实际载体类型著录。

在段落符号著录格式中，其前加".—"号。

2. 数量及单位

数量用阿拉伯数字，单位用声像档案物质形态的统计单位，如"张"、"卷"、"盘"等。或者长度（时间）的统计单位，如"小时"、"分钟"、"秒"等。

在段落符号著录格式中，其前加":"号。

3. 规格

规格指声像档案载体的尺寸及型号，如底片尺寸135、120，照片尺寸3R、6R、300mm×200mm，大1/2、3/4吋录像带等等。对于数码相机拍摄的数码照片的规格可以用像素值表示，如400万、2490×1520像素等。

在段落符号著录格式中,其前加":"号。例如:. —录像带:1盒:3/4英寸。

六、附注与提要项

1. 附注项

附注项是用于著录各个项目中需要解释和补充的事项,以及必须说明的重要数据、技术参数如光圈、速度,电子文件的格式(如 TIF、JPEG)等。依各项目的顺序著录,项目以外需要解释和补充的列在最后。例如照片归属权不属于本单位的,应注明照片版权、来源等。

在段落符号著录格式中,每一条附注均以".—"分隔。如每一条附注都分段著录时,可省略该著录符号。

2. 提要项

提要项用于对声像档案文件的内容进行必要的文字说明。文字说明应力求反映其主题内容,综合运用事由、时间、地点、人物、背景等要素,概括揭示声像文件所反映的全部信息,或对题名未及内容作出补充,以及必须说明的事项等。

在提要中人物方面应标明照片上主要人物姓名、身份以及所在的位置;背景方面应对揭示照片影像主题具有一定作用的背景、时代背景作必要描述,如《小平你好》这张著名的照片的提要是"1984年10月1日,参加35周年国庆游行的大学生通过天安门时,队伍中突然展开'小平,您好'的横幅,表达了亿万人民的心声",这"35周年国庆游行"即为时代背景,"天安门"即为地点。

必须说明的事项是指录像带、光盘、软盘等应注明存储文件的运行的软件、硬件环境、版本号等。

提要项一般不超过200字。

在段落符号著录格式中,提要项在附注项之后另起一段空两个汉字位置著录。

七、排检与编号项

1. 档号

档号著录档案馆（室）在档案整理过程中对声像档案的编号。

档号是固定和反映每张照片、每条录像文件、录音文件的分类与排列顺序的一组字符代码，其有两种格式：

格式一：分类号—项目（册、盘）号—张（文件）号。即先将声像档案的保管单位编号，再在每一保管单位中对每份声像文件编制流水号。

格式二：分类号—年度号—张（文件）号。即将每份声像文件按拍摄或进馆年代排列顺序，编制年代序号下的每个文件的流水编号。

以一组声像文件为单位著录时，档号应著录起止档号。

档号著录依据各馆制定的分类法（细）则的规定进行。

在段落符号著录格式中，档号置于条目左上角第一行。档号中各号之间用"-"号，占一个字节。

2. 档案馆代号

档案馆（室）代号按照国家统一规定填写。尚无代号的，暂时不填，但应留出位置，以备将来填写。

在段落符号格式中，档案馆代号置于条目右上角第一行。

3. 电子文档号

电子文档号是档案馆、室对声像档案数字化后形成的电子文件所编制的一组符号代码。

在段落符号格式中，电子文档号置于条目左上角第二行，与档号齐头。

4. 存放地址号

存放地址号著录声像档案实体存放的库房、柜架的编号。一般包括库号、列（排）号、节（柜）号、层号。各号之间用"-"间隔。

在段落符号格式中，存放地址号置于条目右上角第二行，与档案馆代号齐头。

5. 主题词

声像档案主题词一般著录 4~6 个主题词。一般按声像文件反映的对象的行业属性、隶属关系、专业分类属性、具体内容进行。

一般按照片反映的内容的行业属性（如工业、教育、医疗卫生）、行业分类属性（如大专院校、中学）、工程（项目）名称（如居住小区、办公楼、影剧院、立交桥）、载体类型以及具体内容等进行著录。

第二节 声像档案著录格式与著录示例

声像档案著录格式按照其形式也分为表格式和段落符号式。

一、表格著录格式

1. 声像档案表格著录格式示例

声像档案著录单

题名					
地址					
责任者 1					
责任者 2					
文本		底片号		参见号	
载体编号		载体类型		规格	
数量/单位		密级		保管期限	
附注					
排检与编号	档号			电子档案号	
	存放地址	库	排（列）	节（柜）	层
	主题词				
提要					

2. 声像档案表格著录格式著录示例

声像档案著录单

题名	（民国）总统府煦园绮润阁					
地址	南京玄武区长江路					
责任者1	南京市城市建设档案馆					
责任者2						
文本	原版	时间	1984.03.01	参见号	19860034	
载体编号		载体类型	黑白底片	规格	135	
数量/单位	1/张	密级	公开	保管期限	长期	
附注						
排检与编号	档号	R14-1984-0032		电子档案号		
	存放地址	408 库 02 排（列） 03 节（柜） 02 层				
	主题词	名胜古迹 民国 古建筑 底片				
提要						

二、段落符号式著录格式

1. 段落符号式著录格式要求

段落符号式著录格式将著录项目划分为四个段落。第一段落中档号、电子文档号分别置于条目左上角的第一、二行，档案馆代号、存放地址号分别置于右上角第一、二行。第二段落从第三行与档号齐头处依次著录题名与责任者项、稿本与文种项、密级与保管期限项、时间项、载体与数量项、地址项、附注项，回行时，齐头著录。第三段落另起一行齐头著录主题词，各词之间空一格。第四段落另起一行空两格著录提要，回行时与一、二、三段落齐头。

2. 声像档案段落符号式著录格式示例

档号　　　　　　　　　　　　　档案馆代号
电子文档号　　　　　　　　　　存放地址号
正题名＝并列题名；副题名及题名说明文字：文件编号：地址／第一责任者；其他责任者 .—稿本：文种 .—密级：保管期限 . 文件形成时间 .—载体类型：数量及单位：规格 .—附注
　　提要
主题词

3. 声像档案段落符号式著录格式著录示例

R13-1998-0181　　　　　　　　　　　　432401
　　　　　　　　　　　　　　　　　408-04-03-04
建设部常务副部长叶如棠参观98全国城市建设档案专业成果展江苏展区：参19980025：北京军事博物馆／南京市城建档案馆 .—原版 .—永久 .—1998.01.03.—彩色照片：1张：6吋 .
　　常州市城建档案馆长陆志刚（左二）向叶如棠副部长（左一）介绍江苏城建档案工作成果
城市建设　档案　展览　声像档案　照片

第七章 著录的组织

第一节 著录的组织与管理

城建档案著录的组织是指为达到合理有序地开展著录工作，运用现代化的管理手段和管理方法来规划、协调和控制档案的著录活动，以实现高效、优质的城建档案信息采集。建立科学、合理的档案著录的组织与管理，是完成档案著录工作，保证著录质量的重要条件。从城建档案著录的特点与发展看，著录已经由过去单一的档案编目工作的组成部分，延伸扩展为城建档案信息化建设的重要基础环节，应当与档案的接收、整理工作同步进行。组织城建档案著录工作的目的在于集成与统筹安排著录工作，以最少的人力、物力、财力，保证质量，提高工效，最大限度地发挥著录对信息化建设的作用。

著录工作的组织与开展首先应该了解馆藏档案状况和档案接收情况，分析本单位机构组织设置与分工、工作流程、业务流程，了解本单位人员结构以及他们对著录概念、原则与标准规范的掌握情况，然后制订著录工作计划、规章制度、业务流程、检查与复核制度、人员培训计划、考核奖惩措施，最后酝酿讨论各类（种）档案著录的具体组织方案并开展著录工作。此外，科学、合理的档案著录与标引的组织应在建立审核检查制度的基础上，实行定额质量责任制，发挥经济杠杆的作用，确保著录与标引的质量。

一、行政组织方法

1. 集中组织著录

由于著录是一项工作量比较大、专业性较强、质量要求比较高的工作,因此,为有效地组织城建档案著录工作,特别是完成库藏档案的著录工作,城建档案管理部门应当设置专门的职能机构或临时机构,或将其作为档案整理部门的职能之一,专门集中从事档案著录,也可以建立诸如计算机处理的数据准备中心的组织,使这项工作从组织上得到落实。

著录的集中组织可以体现专业化的原则与优势。目前我国档案数据准备基本上采取集中式的组织模式,即各档案馆(室)建立各自的检索系统,档案数据准备完全由各馆(室)承担。这样做有两方面原因,一方面,原来的馆(室)藏基数大,而档案又在逐年增加,著录量很难赶上增长量,档案馆(室)人员兼职著录会影响城建档案馆信息化建设的速度,档案馆(室)人员难以做到使著录的数据很有实用价值;另一方面,城建档案的内容广泛,涉及许多专业,对著录人员的素质和水平要求较高。故集中专门的技术力量,成立专门的机构,有针对性地开展各类城建档案的著录,是提高著录质量,加快城建档案信息化建设步伐的有效途径。

同时,集中组织著录应当与档案的整理工作同步进行。从广义的档案整理范围看,著录应该与立卷同步开展,立卷人应当承担档案著录工作,这样可充分发挥立卷人在立卷过程中对档案信息的了解和掌握,无需再由其他人员专门进行著录,减少不必要的重复劳动。从狭义的档案整理范围看,可以将著录由分类标引人员承担,同时完成标引工作,即完成全部著录。

2. 分工著录方式

分工著录方式是将档案的著录工作合理地融入档案移交、接收、整理、分类等工作环节,充分发挥城建档案形成单位、城建档案馆各部门的专业、技术和分工优势,针对一个工程项目的档案,各个部门分别承担一部分著录。

从我国信息化建设的状况和发展看,文献著录及标引工作的时序重心有前移的趋向,即这项工作在文献形成时,就由文献的制发、出版单位同时完成。图书出版物除了出版栏,又增加了

"图书在版编目（CIP）数据",以条目方式著录了书名、作者、出版单位、出版时间、书号、主题词、分类号等著录项,并附有"内容提要"。这种著录及标引工作重心的前移对于文献的著录、标引的统一和标准化,提出了更高的要求。由于档案文献的特殊性,目前基层档案部门还不能做到在向档案馆移交档案时,同时移交统一的著录、标引信息,但正在朝此方向发展,如文件的主题标引工作提前到文件撰制阶段等。城建档案也在积极探索著录前移,但与文书档案一样,它涉及工程文件与档案工作之间的关系以及工程文件管理自身改革的许多问题。如果实现了城建档案著录、标引工作的重心前移,那将会进一步保证有关工程信息的专业性、准确性,并会减少著录与标引工作对城建档案馆的压力,加速城建档案馆信息化建设的进程。

在此方面有的城建档案馆已经取得了成效,将工程档案的著录分解到档案移交单位和档案馆有关部门分别承担,纳入工作程序,互为条件,分工负责。如工程档案移交单位在档案移交时必须提交（填写）工程概况表,该表即为工程项目级著录单,其中工程项目的题名与责任者项、文号项、专业记载项、档案状况、工程提要等著录项由工程档案的移交单位填写,档案征集（接收）部门负责工程项目级著录的审核,并作为档案接收的必要条件之一。档案整理部门（工序）对工程项目级著录进行复查,在组织档案整理、立卷时进行案卷级著录,对于已经整理立卷的可以根据移交的档案和案卷目录进行案卷级著录。档案管理部门（工序）复核工程项目级、案卷级著录,在档案实体分类和数据录入时完成排检与编号项（包括主题词）的著录、标引和有关文件级的著录等。数据整理工序对著录信息从录入完整性、规范性方面进行检查和校验。档案调阅部门（工序）结合计算机检索和利用服务,最终检验档案著录和录入质量,并进行必要的修改完善。这样通过分工负责制,解决了著录与标引质量和标准化方面的问题。

分工著录方式要求严格分工与合作,细化分工内容,严格遵守工作程序，做到"三同步"与"三纳入"，即：接收与著录审核同步，整理与著录同步，著录与录入同步；将著录纳入全馆的业务工作流程，纳入岗位职责、纳入日常工作内容。分工著录方式合理分解了著录工作负担，提高了著录质量，避免了机构设置多和业务流程环节多的弊端，提高了工作效率。

二、物质与技术组织

物质与技术准备是指开展著录工作，应当做好必要的物质准备与保障工作，设计业务流程、规定工作程序、制定工作细则、明确质量要求、组织人员培训等。特别是集中组织著录工作的，应当做好工作场地的准备、有关著录表格的印制、工作程序的制定、岗位职责的明确等工作。

1. 业务流程设计

业务流程设计是技术准备的重要环节，是著录工作及档案馆档案管理业务工作高效、优质的关键。

档案著录在整体业务流程中的工序位置可以分成传统管理流程、计算机辅助管理流程、分工合作流程三种。

传统的业务流程中著录一般在分类标引之后，遵循档案接收——整理——分类——著录——编目（录入）的工序。

计算机辅助管理的业务流程为：档案接收——整理——著录——分类录入——编目，为著录工作与档案整理立卷或分类录入工作相结合创造了条件。

分工合作的业务流程是：档案接收时完成工程项目内容著录，整理立卷时完成案卷内容著录，分类标引时完成排检内容著录，数据录入时完成文件级著录及电子文件处理。

当前，面对大量的库藏档案要著录建库，而新的档案不断接收进馆的情况，可以采用两者结合的方法设计工作流程，如图7-1。

从流程上看整理与著录是紧密联系的两道工序，既可以安排在不同部门开展，也可以安排在同一个部门进行，但鉴于城建档

第七章 著录的组织 123

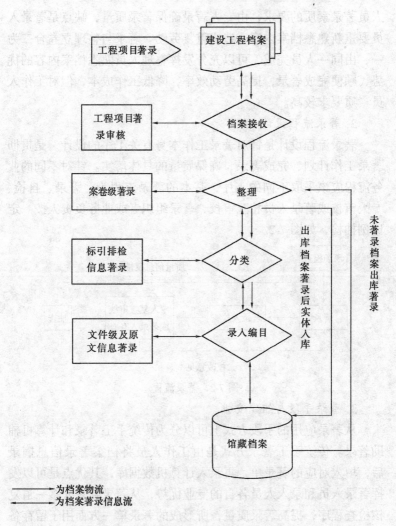

图 7-1 城建档案归档与著录关系流程

案馆的人员配备和组织机构状况，一般都安排在档案管理部门进行。在具体的工作安排上，著录与整理立卷可以分置，也可以合二为一。分置是档案整理立卷与著录分为二道工序，分别由不同的人承担，其优点是可以发挥专业分工的优势，降低对档案整理人员著录素质的要求，由专人著录确保著录质量，缺点是著录人员要重新熟悉档案内容，造成重复劳动。著录与整理立卷合二为一，由同一人员完成，可以充分发挥整理人员熟悉档案内容的优势，顺便完成著录，提高劳动效率，降低工作成本，但对工作人员素质要求较高。

2. 著录流程设计

著录流程设计是针对著录工作本身有关工序的设计，是贯彻著录工作计划、完成著录、确保质量的具体落实。针对不同的业务流程应该采取不同的工序，基本的著录流程为：著录、自检、专人审校或著录人员相互审校、著录组织者或业务负责人按一定比例抽检，如图7-2。

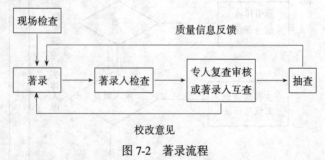

图 7-2 著录流程

3. 著录手段与组织安排

从著录应用的手段方式上可以分为传统手工著录和计算机辅助著录。传统手工著录方式是由工作人员将档案著录信息摘录后，填入对应的著录单，再录入计算机数据库，其优点是可以发挥著录人员和录入人员各自的专业优势，从著录到录入多一道复核检查程序，提高著录质量，所形成的著录单一方面用于留存备查，另一方面可以形成全引目录。计算机辅助著录方式不产生手工著录单，工作人员在应用计算机辅助管理系统的条件下，直接将档案著录信息著录在计算机数据库里，其优点是节省人力，提高劳动效率，但对工作人员素质要求较高。

从著录对象的组织安排即库藏档案系统的著录方案上，一是按馆藏档案的分类（类别）顺序组织著录，二是按进馆顺序组织著录，三是对库藏档案按分类（类别）组织著录，对再接收进馆的档案按进馆顺序组织整理与著录，做到不欠新账，逐步还清旧账。

第二节 著录人员的素质与培训

众所周知，著录工作是为计算机信息管理准备数据，故有人称之为"数据工程"，它的好坏是信息系统建设成败的关键。而城建档案著录对城建档案部门来讲是一项新型而复杂的基础业务工作，它要求著录的条目能充分揭示城建档案内容，准确记录各类建设工程的各种特征。这不是谁都能够胜任的工作，也不是一蹴而就的工作，它不仅要求著录标引人员熟练掌握档案著录的理论、原则和方法，有较丰富的实践经验，而且要求具有一定的工程专业知识。在国外著录工作常常是由具备中级职称以上的人员来承担，这样要求在我国目前显然是不现实的，但要求著录人员具有高中以上文化程度，具有一定的工程专业知识和档案工作经验，比较熟悉所著档案的专业特点与内容，则是应该和能够做到的。因此，档案著录人员的素质要求与工作培训就显得十分重要。

一、著录人员的素质

为确保著录工作的质量，一般来说，著录人员应具备以下几方面的业务素质：

1. 具备工程专业知识。著录人员必须具备有关工程专业的基本知识，熟悉房屋建筑工程、市政基础设施工程的一般特性，能够快速地读懂图纸。

2. 熟悉各类建设工程文件材料的内容并且熟练掌握立卷整理方法。

3. 对城建档案分类法、主题词法等检索方法比较了解，熟悉馆藏档案分类法则、主题词表使用规则。

4. 必须对馆藏档案来源、形成的背景、档案内容、特征和各类档案之间的联系比较了解。

除此之外，著录人员还应具有分析问题、概括问题的能力，了解计算机有关知识，了解城建档案检索的特点以及用户需求、查询习惯等。在现实条件下，许多城建档案馆的著录是集中突击式作业，人员业务素质参差不齐，甚至是临时工作人员，在这种情况下，要求全体工作人员具有较高的素质是不现实的，这就要求著录的组织者和主要业务骨干或指导审核人员应具备较强的业务素质和组织能力，对著录工作起到指导、控制、引导和检查监督作用，相对放宽对具体著录人员的素质要求。

二、著录人员的培训

培训是提高著录人员素质的一个重要途径。仅从著录规则的学习与应用角度看，1985年国家就颁布了《档案著录规则》，档案著录的原则性规范已经颁布了近20年，城建档案著录的著录标准——《城市建设档案著录规范》也在2001年颁布实施，但从著录工作的开展情况看，对著录概念、原理、规则的掌握和应用情况并不理想。加强著录人员的培训，推广应用著录标准，普及著录知识已是当务之急，也是提高城建档案著录质量，促进城建档案信息建设的根本措施之一。

著录人员的培训要注意如下原则：

1. 培训和使用相一致的原则。在培训的指导思想上贯彻学以致用、学用一致的原则，有计划、有针对性地安排培训对象、培训内容。

2. 全员培训和重点提高相结合的原则。要有计划、有步骤地组织全员培训，普及档案著录知识，提高全体员工的业务水平。与此同时，应加强从事著录工作的有关人员的业务培训，重点在于进一步提高他们的业务水平和专业技能。

3. 定向培训、配套培训相结合的原则。由于城建档案涉及专业的多样性，有必要对承担不同专业档案著录的人员进行定向培训，通过培训使每个人员按照自己承担的专业方向掌握有关业务知识，充分发挥其专长。

著录人员的培训从内容上看分为：

1. 城建档案工作必须具备的工程专业培训。
2. 城市建设文件材料的内容和立卷整理方法培训。
3. 城建档案管理知识，如分类法、主题词法等检索方法，馆藏档案分类法则，主题词表及其体例、结构和使用规则等的培训。
4. 城建档案著录规范与著录要求，针对不同类别的城建档案组织培训。

培训的形式可以分为著录前集中培训，工作中针对著录对象进行的专门工程知识培训和著录要求培训。方法上可以采取集中培训、自学、专题培训、个别辅导培训、以实际操作代培训等多种方式。

第三节　著录的质量控制体系

著录质量决定着整个档案信息系统的质量，著录的数据质量差，检索系统的检索效率就不会高，国外图书情报界是这样来形容数据重要性的："GARBAGE IN，GARBAGE OUT"（进去的是垃圾，出来的也是垃圾）。面对大量著录工作的开展，许多城建档案馆缺乏质量控制监督体系，在数据准备、录入阶段缺乏审核等质量控制、监督措施。著录的检查，一般也只是采取自审、互审的方法，且不能将著录单与档案文件一一对应起来审核，因而有些问题很难发现。还有一些单位，由录入人员对照档案或仅仅参照目录往计算机输入数据，质量就更无法控制和监督了。

建立档案著录质量控制体系，是确保著录质量，提高著录效率的有效途径。根据管理学原理，按控制点的位置，控制可以分为事前控制、现场（过程）控制、事后控制；按照控制的主体，控制可以分为直接控制和间接控制；按照控制的性质，控制可以分为预防性控制和更正性控制；按照信息的性质，控制可分为前馈控制和反馈控制；按照控制时所采用的控制方式，可以把控制分为集中控制、分散控制和分层控制等。

当然，由于上述分类并非相互独立的，因此，一项控制活动可能同时属于几种类型。如著录人员水平测试等就属于预防性控制活动和事先控制活动。在此，我们只介绍典型而常用的质量控制方法。

著录质量控制职能可以按照控制活动切入位置，即组织活动过程的阶段，将控制划分为事前控制、现场（过程）控制和事后控制。三种控制的位置见图7-3。

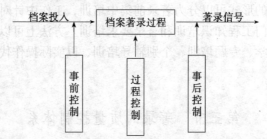

图 7-3 质量控制的位置

1. 事前控制。事前控制也叫预先控制或前馈控制。它是指在著录工作开展之前预先规定著录过程中应当遵守的原则和规范，规定每一项工作的标准，建立偏差显示系统，使人们在工作之前，就已经知道如何做，这是一种面向未来的控制。这类控制一般建立在经验预测的基础之上，尽可能降低著录错误发生的概率。

事前控制的方法是：

（1）挑选和安置管理与非管理人员。这两类人员的选择目的与实质没有原则的差别。主要看候选人的技术、个人特点与职务要求是否适应。对被选中的人员必须在任务所需的方法和过程上进行训练。

(2) 制定著录工作标准规范与质量要求。

(3) 准备著录的档案必须经过系统的整理，符合案卷质量标准，同时必须保持充足的供给量，以保证著录工作的持续性。

总之，事前控制的中心问题是防止著录工作组织中所使用的资源在质和量上产生偏差，其重点是预先对组织中的人与物等进行控制和检查，合理配置，使其符合预期的标准，从而保证著录工作计划的实现，即人力资源必须适应著录工作组织结构中阐明的任务要求，工作人员在体力和智力上都必须有能力完成分派给他们的任务，组织活动的物质条件必须符合可接受的质量水平，并确保在时间和地点上的充足供应。

如图7-3所示，事前控制位于著录组织过程的初始，档案投入与著录过程的交点，对于整个著录组织活动过程有特殊的意义。控制活动在这一交点插入，可以提高著录组织活动的效率，也可以提高著录的质量。

2. 过程控制，也叫现场控制。它是指在著录工作过程中所实施的控制，是一种同步的、适时的控制，即通过对著录工作过程的直接检查和监督，随时检查和纠正著录中产生的偏差。过程控制中建立起严格的审核检查制度和质量奖惩制度是关键，必须设置著录质量检查、校核程序，做到著录、校验、主管抽检，层层控制，确保著录与标引的质量。并把质量考核作为工作人员业务水平考核的主要内容之一。

在进行现场控制时，主管人员必须采取的行动是：向下属指示恰当的方法和过程；监督下属的工作，以保证下属很好地完成任务。在进行现场控制时，主管人员还需要注意以下几个问题：

(1) 应遵循著录工作计划确定的组织方针、标准规范与要求，要注意避免单凭主观意志进行工作，否则，将导致标准的多元化，无法统一测量和评价。

(2) 主管人员必须亲自核查，并且不仅查看著录成果，还应与著录对象即档案原文进行核对。因为亲自核查是主管人员获取著录质量信息最可靠的途径。这是一种为著录主管人员所广泛采用的控制方法，可以约束并指导下属人员的活动。

（3）现场控制对控制人员的业务素质要求较高，要求有敏锐的观察力、快速的反应能力和灵活多变的控制手段。

3. 事后控制。也叫成果控制或反馈控制，是在著录后的控制。也就是从著录后的数据录入、检索利用的信息反馈中发现偏差、分析原因、采取措施、纠正偏差，从而起到控制的作用，其目的是防止已经发生或即将发生的错误与偏差今后再度发生或扩大。事后控制的方法有：

（1）质量控制分析。根据有关类别档案著录信息的完整、准确性来检查著录质量，以确定著录工作的质量是否在控制之中。

（2）通过了解用户利用需求和著录信息使用情况及查全率、查准率和漏检率、误检率的比例，检验著录与标引工作的社会效果，加强对著录与标引规则的管理，加强对著录与标引人员的培训。

（3）员工的工作绩效评估。这是事后控制最不好把握的方法，因为任何组织中最关键也最复杂的因素是人。员工绩效评估困难的因素，一是标准难于客观明确，二是多数工作必须由一个以上的评估标准或尺度来衡量，三是评估者的偏好不一，等等。由于这些因素使员工工作绩效评估实行起来有一定的难度，从而可能导致评估的准确性打折扣。但这又是必须要进行的，理想的做法是：数量与质量相结合，标准要反映每个员工所完成著录的数量，而且要反映质量目标完成情况。此外，增加考核评估的次数也有益于提高评估的准确性。

事后控制位于活动的终点，虽然有一些不足，但著录工作质量的发展是循环往复、呈螺旋状推进，事后控制可以为后面的著录工作提供信息和借鉴，以改进工作。

以上三种控制方式各有特点，但在实际应用中往往是相互配合，并与质量管理的其他职能相互渗透，共同存在于著录管理活动的全过程。

从宏观管理方面看，制定《城市建设档案著录规范》，统一著录内容、格式、标引方法，制定城建档案信息数据库建设统一规划和指导原则等等，应该属于城建档案著录质量的宏观间接控制方法。而各馆的具体著录工作的组织与实施，是著录质量的直接控制方法。

第八章 城市建设档案著录标准的应用

第一节 城市建设档案著录规范的应用

2001年《城市建设档案著录规范》的发布标志着我国城建档案著录走上标准化的轨道,为建立统一的城建档案信息数据库,实现城建档案信息共享奠定了基础。

对于规范的具体应用,我们以《城市建设档案分类大纲》(1993年修订稿)为对象,简要说明各类城建档案与《城市建设档案著录规范》所提出的房屋建筑工程、市政基础设施工程、城市管线工程、建设工程规划管理项目、建设用地规划管理项目、通用工程项目等六种工程(项目)级档案表格著录格式的应用对照关系,见表8-1。

表8-1 各类档案适宜使用的著录表单

属　　类	著录简要指南
A 综合类	
1 政策、法规	
2 会议	1. 项目级著录用工程(项目)级通用著录单
3 计划、统计	2. 案卷级著录用案卷级通用著录单(以下各类相同)
4 外事	3. 文件级著录用文件级通用著录单
5 城建档案工作	

续表

属　　类	著录简要指南
B　城市勘测类	
1　工程地质	1. 项目级著录用工程（项目）级通用著录单 2. 测量类工程著录时在附注项依次著录：坐标系、高程系；地方坐标系一律不著
2　水文地质	
3　控制测量	
4　地形测量	
5　摄影测量	
6　地图	
C　城市规划类	
1　国土规划	1. 项目级著录用工程（项目）级通用著录单 2. 规划图的名称（题名）后必须标注本图的比例尺，如：1:100000 3. 时间项著录规划图上标注的设计完成（成图）时间 4. 规划所用地形图的出图年代，著录在附注项中
2　总体规划	
3　分区规划	
4　详细规划	
5　县镇规划	
6　规划基础材料	
D　城市建设管理	
1　土地管理	项目级用工程（项目）级通用著录单
2　建设用地规划管理	用建设用地规划管理档案项目级著录单

续表

属　类	著录简要指南
D　城市建设管理	
3　建筑工程管理	用建设工程规划管理档案项目级著录单
4　房地产管理	用工程（项目）级通用著录单
5　房地产管理	
6　地名管理	
E　市政工程类	
1　道路、广场	工程（项目）级著录用市政基础设施工程（项目）级著单
2　桥梁	
3　涵洞	
4　隧道	
5　排水	
6　环境卫生	
F　公用设施类	
1　给水	1. 对于以一个工程项目出现的水厂、制气场等建筑群用房屋建筑工程（项目）级著录 2. 对于专业记载项中尚不能包含的，在附注项中记载 3. 独立立项的建筑物、构筑物分别用房屋建筑工程（项目）级著录单和市政基础设施工程（项目）级著录单 4. 独立立项的地下管线工程用城市管线工程项目级著录单著录
2　供气	
3　供热	
4　公共交通	
5　供电	
6　电信	

续表

属　　类	著录简要指南
G　交通运输类	
1　铁路	1. 房屋建筑著录用房屋建筑工程（项目）级著录单 2. 构筑物著录用市政基础设施工程（项目）级著录单
2　公路	
3　水运	
4　航空	
H　工业建筑类	
1　动力	1. 工程（项目）著录一般用房屋建筑工程（项目）级著录单 2. 对于独立立项的构筑物则可以用市政基础设施工程（项目）级著录单 3. 独立立项的地下管线工程用城市管线工程项目级著录单著录
2　矿业	
3　冶金	
4　机械	
5　电子	
6　石油	
7　化工	
8　轻工	
91　纺织	
92　建材	
93　医药	

续表

属　类	著录简要指南
I　民用建筑类	
1　住宅	1. 工程（项目）著录一般用房屋建筑工程（项目）级著录单 2. 对于独立立项的构筑物则可以用市政基础设施工程（项目）级著录单 3. 独立立项的地下管线工程用城市管线工程项目级著录单著录
2　办公用房	
3　文化	
4　教育	
5　卫生	
6　体育	
7　商业、金融、保险	
8　其他	
J　名胜古迹、园林绿化类	
1　公园	1. 房屋建筑著录用房屋建筑工程（项目）级著录单 2. 构筑物著录用市政基础设施工程（项目）级著录单 3. 绿地、苗圃、名木古树等著录用工程（项目）级通用著录单，并在附注中著有关专业内容
2　绿地、苗圃	
3　名木古树	
4　纪念性建筑	
5　名人故居	
6　名胜古迹、古建筑	
7　城市雕塑	

续表

属　　类	著录简要指南
K　环境保护类	
1　环境管理	用工程（项目）级通用著录单
2　环境监测	
3　环境治理	
4　自然保护	
L　城市建设科学研究类	
1　部级项目	用工程（项目）级通用著录单
2　省级项目	
3　市级项目	
4　其他项目	
M　县（村）镇建设类	
1　县区	1. 房屋建筑著录用房屋建筑工程（项目）级著录单
2　乡镇	2. 构筑物用市政基础设施工程（项目）级著录单
3　村庄	3. 地下管线工程用城市管线工程（项目）级著录单著录

续表

属　　类	著录简要指南
N　人防、军事工程类	
1　人防工程	1. 房屋建筑著录用房屋建筑工程（项目）级著录单 2. 构筑物用市政基础设施工程（项目）级著录单
2　军事工程	
O　水利、防灾类	
1　水利工程	1. 构筑物用市政基础设施工程（项目）级著录单 2. 其他用工程（项目）项目级通用著录单，并在附注项中著有关专业内容
2　防洪、防汛工程	
3　防灾、抗震工程	
P　工程设计类	
1　工业建筑设计	1. 在馆藏工程竣工类档案丰富，设计档案利用率较低的情况下，对设计档案进行简单著录，用工程（项目）级通用著录单 2. 在设计档案利用率较高，需对设计档案进行详细著录的情况下，根据对象采用房屋建筑工程（项目）级著录单、市政基础设施工程（项目）级著录单、城市管线工程（项目）级著录单
2　民用建筑设计	
3　市政工程设计	
4　军事工程设计	
5　交通运输工程设计	
6　环保环卫工程设计	
7　园林工程设计	
8　其他	

续表

属 类		著录简要指南
Q	地下管线类	
1	地下管线综合	用城市管线工程(项目)级著录单
2	给水管线	
3	排水管线	
4	供气管线	
5	供热管线	
6	供电管线	
7	电信管线	
8	军事管线	
9	工业运输管线	
R	声像类	
1	照片	
2	缩微片	用声像档案著录单或文件级通用著录单
3	录像带	
4	录音带	
5	光盘磁盘	

对于声像类的档案建议详细著录,并且以文件为著录和管理的主体。详见第六章声像档案著录。

第二节 城市建设档案著录的发展趋势

对于我国城建档案部门来讲，标准化的真正起步就是从著录标准的发布开始的，自 2001 年《城市建设档案著录规范》发布后，2002 年又发布了《建设工程文件归档整理规范》，有关电子文件管理的标准等也正在起草中，城建档案标准化取得了很大的进展，城建档案著录的标准化体系工程正在完善。

一、城建档案著录标准体系将进一步完善

1. 城建档案著录标准体系将进一步完善

从城建档案著录的标准化体系建设看，《城市建设档案著录规范》的发布并不意味着城建档案著录标准化体系的完成，随着城建档案工作的进一步发展，信息化建设对城建档案著录的标准化、规范化提出了更高的要求，《城市建设档案著录规范》的指导意义将更加突出。同时随着大量电子文件的形成和进馆，城建档案的著录又将面临新的挑战，修订《城市建设档案著录规范》或制定城建电子档案著录规范成为必然，对此，我们积极遵循这样一个基本原则，就是向国际标准靠拢，向国家文献工作标准靠拢。对于国际标准和国家标准，凡城建档案部门可以采用的尽量采用。目前我国城建档案工作信息化建设水平与国际先进水平有很大差距，因此运用国际和国家文献标准的成果肯定会加快我国城建档案信息化建设的速度，还可以节省人力、财力。制定标准时应当做到：指标先进，技术合理，既要考虑新技术发展的需要，也要考虑到当前档案部门的具体情况，做到先进、科学、合理、适用。

2. 城建档案著录中数据单元以及城建档案信息数据库的标准化

建立城建档案信息共享、信息交换系统，使档案工作者、计算机程序和利用者等各方面都能识别并正确使用和互换信息中的

各种数据元素，这不仅涉及著录格式和文献检索语言的标准化，而且与著录中所有数据单元的标准化、城建档案数据库结构与数据交换格式都有着密切的关系。

数据元素（DATA ELEMENT）是可以识别、可以定义的数据基本单位，是对一个专门事实或事件的定义、表征和识别，其用途在于进行数据记录和交换。在机读格式中一个数据单元是构成文献著录项目的一部分信息，它在机器记录中能被单独地识别。数据元素由三个部分组成，即标识符、元素名称和数据项。数据元素标准化包括标识符标准化、元素名称标准化、数据项标准化三方面内容。

标识符是指定用来代替元素名称的字符或代码，以便简化需要明确识别的过程，从而在处理中不需交换或记录元素名称，在计算机系统中可以起到字段控制和节省存贮空间的作用。国家在《文献目录信息交换用磁带格式》等标准中，已经为一些数据单元规定了标准的、统一的标识符。然而，城建档案部门在使用这些标准时还需制定某些细则，对城建档案专用的某些数据单元规定统一的标识符。元素名称的标准化，在于通过对事物概念的分析，使用合适的、统一的命名系统对其加以反映。这一方面已经在《城市建设档案著录规范》中通过著录项目名称予以规定，但需要进一步明确和细化。数据项一般有语词和代码两种形式，例如《文献保密等级代码》中对密级规定的数字代码就是数据项的代码。语词数据的标准化是对用语用词标准化的规定，《城建档案主题词表》在某种意义上，是语词数据项标准化的工具之一。

规范著录项目的顺序号、字段名、类型、字段长度等著录项目在计算机中的表示形式与规定，对城建档案数据库结构与数据交换格式进一步加以明确，是《城市建设档案著录规范》应用深化的要求，也是提高著录质量，进一步发挥著录功能的基础，更是城建档案信息化建设的迫切需要。

《城市建设档案著录规范》的制定，只是从形式上统一了著录格式，如果没有一系列的配套标准项目的协调与支持，就无法发挥其功能和效益。因此，城建档案著录中数据单元的标准化和城建档案信息数据库的标准化，应当纳入标准化的体系之中，尽量采用现有的国际标准和国家标准，或制定若干国家标准和专业标准，与《城市建设档案著录规范》配套使用，以保证城建档案与不同类型的档案之间以及与其他文献之间的数据交换和资源共享。

二、城建档案著录自动化与著录前移

目前，我国城建档案著录基本上采用手工或计算机系统辅助方式进行，工作量大、技术性强，需要很多专业人员和档案工作者参加，而且在著录与标引过程中，常常因著录和标引人员的方法、经验和专业知识不同，对于同一份档案文件可能选取不同的著录信息，甚至对于同一著录标引人员来说，在不同时期内，对同一份档案的标引结果也可能不同。这种不一致性给以后的利用工作带来很多麻烦。另一方面，在建立城建档案信息数据库时，著录与标引又是最重要的前处理工作，在信息化建设的经费开支中占很大的比重。因此，为了解决著录与标引的不一致性，把专业人员和档案工作者从繁重的手工劳动中解放出来，降低著录成本，加速城建档案信息化建设，促进城建档案信息的传播和利用，城建档案著录与标引的现代化和自动化便成为今后发展的方向。

城建档案自动著录就是使用电子计算机对城建档案的有关特征进行识别、描述和自动著录，从而自动形成这些档案的信息数据库。"九五"以来，我国信息化技术取得巨大成绩，办公自动化的结果是档案由传统的纸张型迅速地向电子型发展。在勘察设计行业 CAD 技术得到普遍应用，甲乙级设计单位计算机出图率达到 100%；计算机辅助施工技术（CAC）也在建筑施工领域得到应用；城市建设管理中已普遍实现了计算机辅助管理，产生了大量的建设工程电子文档。城建档案正逐步实现档案电子化、存储数字化。这一切为城建档案自动著录奠定了基础。因此，城建档案自动著录的设计、研究与实现,已经具备了技术条件。

随着电子文件时代的到来,文件—档案管理一体化成为可能,著录工作的空间位置前移成为必然。那时,著录在文件形成阶段就已由计算机辅助或自动完成,著录信息随电子档案的移交而传递到档案馆。

参考文献

1. 孙钢.《档案著录与标引手册》.北京：红旗出版社，1986
2. 全国文献工作标准化技术委员会编.《科学技术信息系统标准与使用指南·第一卷 综述》.北京：中国标准出版社，1996
3. 全国文献工作标准化技术委员会编.《科学技术信息系统标准与使用指南·第三卷 情报文献工作标准》.北京：中国标准出版社，1996
4. 《回顾》课题组，李忠谋.城市建设档案工作五十年回顾.城建档案，2003，(3)：17
5. 《档案工作基本术语》(DA/T 1—2000)
6. 国际档案著录标准（通则）.档案学研究，1995（2）：86
7. 郑亦名.正确理解标准的"强制"与"推荐".中国档案，1998（9）：14

附录

中华人民共和国国家标准

城市建设档案著录规范

Code for Urban Construction Archives Description

GB/T 50323—2001

主编部门：中华人民共和国建设部
批准部门：中华人民共和国建设部
施行日期：2001年7月1日

关于发布国家标准
《城市建设档案著录规范》的通知

建标［2001］67号

根据建设部建标［2000］25号的要求，由建设部会同有关部门共同制订的《城市建设档案著录规范》，经有关部门会审，批准为国家标准，编号为GB/T 50323—2001，自2001年7月1日起施行。

本标准由建设部负责管理，建设部城建档案工作办公室负责具体解释工作，建设部标准定额研究所组织中国建筑工业出版社出版发行。

中华人民共和国建设部

2001年3月5日

前　言

本标准是根据建设部建标［2000］25号文的要求，由建设部城建档案工作办公室会同有关城建档案馆共同编制而成的。

在编制过程中，规范编制组开展了专题研究，进行了比较广泛的调查研究，总结了多年来城建档案著录工作的经验，参考中华人民共和国档案行业标准DA/T 18—1999《档案著录规则》，并以多种方式广泛征求了全国有关单位的意见，对主要问题进行了反复修改，最后经审定定稿。

本标准主要规定的内容有：城建档案著录的项目、符号、文字、信息来源，以及著录的格式要求。

本标准将来可能需要进行局部修订，有关局部修订的信息和条文内容将刊登在《工程建设标准化》杂志上。

为了提高规范质量，请各单位在执行本标准的过程中，注意总结经验，积累资料，随时将有关的意见和建议寄给建设部城建档案工作办公室，以供今后修订时参考。

本标准主编单位：建设部城建档案工作办公室。

本标准参编单位：南京市城建档案馆、北京市城建档案馆、广州市城建档案馆。

本标准主要起草人：王淑珍、姜中桥、周健民、郑向阳、欧阳志宏、杨晓明、胡士刚。

目 次

1 总则 …………………………………………………………… 149
2 术语、符号 …………………………………………………… 150
　2.1 术语 ……………………………………………………… 150
　2.2 符号 ……………………………………………………… 151
3 基本规定 ……………………………………………………… 153
　3.1 著录级别与著录详简级次 ……………………………… 153
　3.2 著录文字要求 …………………………………………… 153
　3.3 著录信息源 ……………………………………………… 154
4 著录项目 ……………………………………………………… 155
　4.1 著录项目划分 …………………………………………… 155
　4.2 著录项目细则 …………………………………………… 156
5 著录格式 ……………………………………………………… 164
附录 A 房屋建筑工程（项目）级著录单 …………………… 167
附录 B 市政基础设施工程（项目）级著录单 ……………… 168
附录 C 城市管线工程（项目）级著录单 …………………… 169
附录 D 建设工程规划管理档案项目级著录单 ……………… 170
附录 E 建设用地规划管理档案项目级著录单 ……………… 171
附录 F 工程（项目）级通用著录单 ………………………… 172
附录 G 工程（项目）案卷级通用著录单 …………………… 173
附录 H 文件级通用著录单 …………………………………… 174
附录 J 本规范用词说明 ……………………………………… 175
条文说明 ………………………………………………………… 176

1 总　　则

1.0.1 为建立健全全国统一的城建档案检索体系，提高全国城建档案的管理水平，充分发挥城建档案在城市建设中的作用，制定本规范。

1.0.2 本规范适用于各类城建档案的著录工作，不适宜用作城建档案目录的组织方法。

1.0.3 城建档案著录除执行本规范外，尚应执行有关标准规范的规定。

2 术语、符号

2.1 术　语

2.1.1 城建档案（urban construction archive）

在城市规划、建设及其管理活动中直接形成的有价值的各种形式的历史记录。

2.1.2 建设工程项目（construction project）

具有计划任务书和总体设计，经济上实行独立核算，行政上具有独立组织形式的基本建设项目。一个建设项目可以有多个单项工程，也可以只有一个单项工程。

2.1.3 单项工程（single project）

在建设工程项目中，具有独立的设计文件，竣工后可以独立发挥生产能力或工程效益的工程。

2.1.4 工程档案（project archive）

工程档案是在整个工程建设过程中，包括从立项、审批到竣工验收备案等一系列活动中直接形成的文字、图表、声像等各种形式的有价值的历史记录。

2.1.5 案卷（file）

由互有联系的若干文件组成的档案保管单位。

2.1.6 城建档案著录（description of urban construction archive）

编制城建档案目录时，为提取城建档案信息，对城建档案的内容和形式特征进行分析、选择和记录的过程。

2.1.7 城建档案著录项目（item of description for urban construction archive）

揭示城建档案内容和形式特征的记录事项，分大项、小项和单元。大项主要包括题名与责任者、稿本与文种、密级与保管期限、时间、载体与数量、专业记载、附注与提要、排检与编号等八项。各大项下又分若干小项，小项下又分若干单元。

2.1.8　条目（entry）

档案著录的结果，是反映工程（项目）、案卷、文件内容和形式特征的著录项目的组合。

2.1.9　著录格式（description form and format）

著录项目在条目中的排列顺序及其表达方式。

2.1.10　档案目录（catalogue for archives）

按照一定的次序编排而成的条目汇集，是档案管理、检索和报道的工具。

2.2　符　号

2.2.1　著录用符号

为了区分、识别各著录大项、小项或表达著录内容，著录时，必须使用一些特定的符号，这些特定的符号就是著录用符号。著录用各种符号及用途详见下表：

表 2.2.1　　　　　　　著录用符号及用途

符号	用途
.—	置于下列六大项之前：稿本与文种项、密级与保管期限项、时间项、载体与数量项、专业记载项、附注与提要项，用于区分各大项
=	置于并列题名之前
:	置于下列著录小项之前：文件编号、工程地址、文种、保管期限、数量及单位、规格，以及各专业记载项之间，用于区分各著录小项
/	置于第一责任者之前
;	置于其他责任者之前，多个文件编号之间，用于区分同一著录小项的各著录单元
+	置于每一个附件之前
[]	置于下列著录内容的两端：自拟著录内容、文件编号中的年度、责任者省略时的"等"字
()	置于有关责任者的说明文字的两端，如责任者所属机构名称、责任者真实姓名、责任者职务或身份、外国责任者国别及姓名原文等

续表

符号	用途
？	置于不能确定的著录内容之前，一般与［］号配合使用
—	用于下列内容之间：日期起止，档号、电子文档号、缩微号、存放地址号的各层次之间
…	用于节略内容
□	用于每一个残缺文字和未考证出时间的每一数字。未考证出的责任者及难以计数的残缺文字用三个"□"表示

2.2.2 著录用符号使用说明

1．".—"符号占两格，在回行时不应拆开。"［］"和"（）"左右两半各占一格，其他符号均占一格，前后不再空格。

2．如某个著录大项缺少第一个著录小项时，应将现在位于首位的小项原规定的著录符号改为".—"。

3．不著录的大项、小项或单元，其著录符号应连同该项目一并省略。

3 基 本 规 定

3.1 著录级别与著录详简级次

3.1.1 依据著录对象的不同,可将档案著录划分为工程(项目)级、案卷级、文件级三级。

1. 工程(项目)级著录是对一个工程(项目)的所有档案的内容及形式特征进行分析、记录。

2. 案卷级著录是对一个案卷的档案内容和形式特征进行分析、记录。

3. 文件级著录是对一份文件的内容和形式特征进行分析、记录。

3.1.2 著录详简级次指著录的详简程度,分为简要级次和详细级次。

1. 条目仅著录必要项目的称简要级次。

必要项目包括:正题名、文件编号、工程(项目)地址、第一责任者、时间、专业记载、档号、缩微号、存放地址号、主题词。

2. 条目除著录必要项目外,还著录部分或全部选择项目的称详细级次。

选择项目包括:并列题名、副题名及说明题名文字、其他责任者、附件、稿本与文种、密级、保管期限、载体与数量、附注、提要、档案馆代号、电子文档号。

3.2 著录文字要求

3.2.1 著录用文字必须规范化。

3.2.2 文件编号、时间项、载体与数量项、专业记载项、排检与编号项中的数字一律用阿拉伯数字。

3.2.3 其他语种文字档案著录时必须依照其语种文字书写规则。

3.3 著录信息源

3.3.1 著录信息来源于被著录的档案。

3.3.2 单份文件著录时，主要依据文头、文尾。

3.3.3 一个案卷著录时，主要依据案卷封面、卷内文件目录、备考表等。

3.3.4 被著录的档案信息不足时，参考其他有关的档案、资料。

4 著录项目

4.1 著录项目划分

4.1.1 城建档案著录项目共分题名与责任者项、稿本项、密级与保管期限项、时间项、载体与数量项、专业记载项、附注与提要项、排检与编号项等八大项,每大项又分若干小项。详见下表:

表 4.1.1　　　　城建档案著录项目划分

序号	著录项目名称	
	大项	小项
1	题名与责任者	题名
		文件编号
		工程(项目)地址
		责任者
		附件
2	稿本与文种	稿本
		文种
3	密级与保管期限	密级
		保管期限
4	时间	
5	载体与数量	载体类型
		数量及单位
		规格
6	专业记载	
7	附注与提要	附注
		提要

续表

序号	著录项目名称	
	大 项	小 项
8	排检与编号	档号
		档案馆代号
		缩微号
		存放地址号
		电子文档号
		主题词

4.1.2 著录小项下又可分为若干著录单元。如著录小项"题名"下，又可分为"正题名"与"并列题名"两个著录单元。

4.2 著录项目细则

4.2.1 题名与责任者项

1. 题名

题名又称标题、题目，是直接表达档案中心内容、形式特征的名称。

1）正题名

正题名是档案的主要题名，一般指单份文件文首的题目名称和案卷封面上的题目名称，工程（项目）级的题名指工程或项目的名称。正题名照原文著录。

2）并列题名

以第二种语言文字书写的与正题名对照并列的题名。必要时并列题名与正题名一并著录。其前加"＝"号。

3）副题名及说明题名文字

副题名是解释或从属于正题名的另一题名。副题名照原文著录，正题名能够反映档案内容时，副题名不必著录。

说明题名文字是指在题名前后对档案内容、范围、用途等的文字说明。

副题名及说明题名文字前加";"号。

2. 文件编号

文件编号是文件制发机关、团体或个人编写的顺序号,包括发文字号、图号等,按照原文字和符号著录,其前加":"号。对于一个工程来讲,其文件编号大致有以下几种:

1) 建设工程项目立项批准文件号

建设工程项目立项批准文件号著录计划部门或主管部门批准该工程项目正式立项的文件编号。

2) 建设工程规划许可证号

建设工程规划许可证号著录城市规划主管部门对该建设工程项目核发的建设工程规划许可证的编号。

3) 建设工程用地规划许可证号

建设工程用地规划许可证号著录城市规划主管部门对该建设工程项目核发的建设工程用地规划许可证的编号。

4) 建设工程用地许可证号

建设工程用地许可证号著录城市土地主管部门对建设工程项目核发的土地使用证编号。

5) 工程设计(勘察)编号

工程设计(勘察)编号著录建筑设计(勘察)部门对该建设工程项目进行设计(勘察)的编号。

6) 建设工程施工许可证号

建设工程施工许可证号著录建设行政主管部门对该建设工程项目核发的施工许可证编号。

7) 建设工程竣工验收备案登记号

建设工程竣工验收备案登记号是指建设工程竣工验收后,建设单位向建设行政主管部门报送备案材料时,建设行政主管部门赋予该工程的备案登记编号。

8) 工程所在地形图号

指工程所在的 1:500 地形图的分幅号。

3. 工程（项目）地址

工程（项目）地址指工程项目的建设地点或征地地址。本市工程著录区（县）、街道（乡、路）、门牌号（村、队）；外地工程著录省、市（县）、街道（路）名。其前加":"号。案卷级和文件级著录，不必著录此项。

4. 责任者

责任者指文件材料的形成单位或个人。

1）第一责任者

第一责任者是指列于首位的责任者。著录时其前加"／"号。

2）其他责任者

其他责任者是指除第一责任者以外的责任者，其前加"；"号。

3）工程（项目）级责任者著录顺序一般为：建设单位（立卷单位）、建设项目（或事由）批准单位、项目（或事由）申请或实施单位。如建设工程（项目）责任者著录顺序为：建设单位、立项批准单位、设计单位、施工单位、监理单位；建设工程（用地）规划管理档案项目级责任者著录顺序为：立卷单位、申请（用地）单位、批准单位（项目批准单位和用地批准单位）、设计单位（或被征地单位）。

4）案卷级责任者一般只著编制单位。

5. 附件

是指文件正文后的附加材料，各附件题名前均冠以"＋"号。

4.2.2 稿本与文种项

1. 稿本是指档案的文稿、文本和版本，依实际情况著录为正本、副本、草稿、定稿、手稿、草图、原图、底图、蓝图、试行本、修订本、复印件等，其前加".—"号。

2. 文种是指文件种类的名称，依实际情况著录为命令、决议、指示、通知、报告、批复、函、会议纪要、协议书、任务书、施工图、竣工图、鉴定书等。文种前加":"号。

4.2.3 密级与保管期限项

1. 密级

1) 密级是指文件保密程度的等级,一般按文件形成时所定密级著录,对已升、降、解密的。应著录新密级。密级前加".—"号。

2) 密级按 GB/T 7156—1987 第四章文献保管等级代码表划分为六个级别。名称与代码如下表:

表 4.2.3　　　　　　文献保密登记代码

名　称	数字代码	汉语拼音代码	汉字代码
公开级	0	GK	公开
国内级	1	GN	国内
内部级	2	NB	内部
秘密级	3	MM	秘密
机密级	4	JM	机密
绝密级	5	UM	绝密

3) 密级为"公开级"、"国内级"、"内部级"时,一般不必著录。

2. 保管期限

1) 保管期限是指根据档案价值确定的档案应该保存的时间,一般分为永久、长期、短期三种。保管期限前加":"。

2) 保管期限一般按案卷组成时所定保管期限著录,对已更改的。应著录新的保管期限。

4.2.4 时间项

1. 对文件级著录,时间项著录文件形成时间。

一般文书(通知、报告、批复)的形成时间为发文时间;决议、决定、规定为通过时间或发布时间;合同、协议书为签署时间;报表计划为编制时间;工程设计图纸为设计时间;工程竣工图为编制完成时间,如图上没有签注编制完成时间,则以工程竣工时间代替。

2. 对案卷级著录，时间项著录案卷内文件起止时间。

一般案卷起止时间为卷内文件形成最早、最晚时间。起止时间著录中间用"—"相连，如："1987.07.03—1988.12.14"。

3. 对工程级著录，时间项著录工程开、竣工时间或建设工程规划许可证及建设用地规划许可证的批准时间。

4. 著录时间时，年、月、日之间用"."号相隔，如"1985年12月10日"著录为"1985.12.10"。时间项前加".—"。

4.2.5 载体与数量项

1. 载体类型

1) 载体类型项著录档案载体的物质形态特征。其前加".—"。

2) 载体类型分为底图、缩微片、照片、底片、录音带、录像带、光盘、计算机磁盘、计算机磁带、电影胶片、唱片等。根据档案实际载体类型著录，除底图外，以纸为载体的档案一律不著录本项。

2. 数量及单位

数量用阿拉伯数字，单位用档案物质形态的统计单位，如"页"、"张"、"卷"、"袋"、"册"、"盒"等。著录时其前加"："号。

3. 规格

规格指档案载体的尺寸及型号，著录时其前加"："号，如".—5页：16开"，".—2张：A0"。

4.2.6 专业记载项

本项作为城建档案的专业特征记载项，著录于附注项前。根据著录对象不同分为房屋建筑工程专业记载项（含房屋建筑工程规划管理档案）、市政基础设施工程专业记载项（含市政基础设施规划管理档案）、城市管线工程专业记载项、建设工程用地规划管理专业记载项。本项对工程（项目）级档案是必要著录项目，案卷、文件级档案可不著录。各专业记载项之间加"："。

1. 房屋建筑工程专业记载项著录下列内容：

1）建筑面积，2）高度，3）层数，4）结构类型，5）开工时间，6）竣工时间，7）总用地面积，8）总建筑面积，9）幢数，10）工程预算，11）工程决算。

2. 市政基础设施工程专业记载项著录下列内容：

1）长度，2）宽度，3）高度，4）跨径，5）结构类型，6）孔数，7）级别，8）荷载，9）净空，10）开工时间，11）竣工时间，12）总用地面积，13）总建筑面积，14）总长度，15）工程预算，16）工程决算。

3. 城市管线工程专业记载项著录下列内容：

1）长度，2）规格，3）材质，4）荷载，5）起点，6）止点，7）总长度，8）开工时间，9）竣工时间，10）工程预算，11）工程决算。

4. 建设工程规划管理档案专业记载项著录下列内容：

1）建筑面积，2）幢数，3）层数，4）长度，5）宽度，6）高度，7）跨度，8）荷载，9）规格，10）级别，11）净空，12）结构类型，13）工程造价。

5. 建设工程用地规划管理档案专业记载项著录下列内容：

1）征拨分类，2）用地分类，3）原土地分类，4）用地面积。

4.2.7 附注与提要项

1. 附注

1）附注项著录各个项目中需要解释和补充的事项，依各项目的顺序著录，项目以外需要解释和补充的列在最后。

2）每一条附注均以".—"分隔。如每一条附注都分段著录时，可省略该著录符号。

2. 提要

1）提要项是对档案内容的简介和评述，应力求反映其主题内容、重要数据（包括技术参数）。

2）提要项在附注项之后另起一段空两个汉字位置著录，一般不超过 200 字。

4.2.8 排检与编号项

排检与编号项是目录排检和档案馆（室）业务注记项。

1. 档号

档号是档案馆（室）在档案整理过程中对档案的编号。档号包括分类号、项目号、案卷号、件号或页号。档号置于条目左上角第一行。档号中各号之间用"-"号，占一个字节。

1）工程（项目）级的档号由分类号、项目号组成。

2）案卷级的档号由分类号、项目号、案卷号组成。即工程（项目）档号+案卷号。

3）文件级的档号由分类号、项目号、案卷号、件号或页号组成。即案卷档号+件号或页号。件号或页号是指案卷内每一文件的顺序号或首页的编号。

2. 档案馆代号

档案馆（室）代号按照国家统一规定填写。置于条目右上角第一行。尚无代号的，暂时不填，但应留出位置，以备将来填写。

3. 缩微号

缩微号是档案馆（室）赋予档案缩微品的编号，著录于条目左上角第二行，与档案馆代码齐头。

4. 电子文档号

电子文档号是档案馆、室管理电子文件的一组符号代码，著录于条目第二行的中间位置。

5. 存放地址号

存放地址号著录档案存放处的编号。一般包括库号、列（排）号、节（柜）号、层号，著录于条目右上角第二行。

6. 主题词

主题词是揭示档案内容的规范化的词或词组。

1）主题词按照 DA/T 19—1999《档案主题标引规则》、《中国档案主题词表》、《城建档案主题词表》等进行标引。

2）主题词著录于附注与提要项之后，另起一段齐头著录。

3）各级著录，一般著录 4 至 6 个主题词。各词之间空一个汉字位置，一个词或词组不得分两行书写。

5 著录格式

5.0.1 著录格式按照其表现形式可分为表格式和段落符号式。

5.0.2 表格著录格式

1. 工程（项目）级条目表格著录格式

按照不同著录对象，工程（项目）级档案表格著录格式分为房屋建筑工程、市政基础设施工程、城市管线工程、建设工程规划管理项目、建设用地规划管理项目、通用工程项目六种。

1）房屋建筑工程项目级表格著录格式（示例见附录 A）；

2）市政基础设施工程项目级表格著录格式(示例见附录 B)；

3）城市管线工程项目级表格著录格式（示例见附录 C)；

4）建设工程规划管理档案项目级表格著录格式（示例见附录 D)；

5）建设用地规划管理档案项目级表格著录格式(示例见附录 E)；

6）工程（项目）级通用表格著录格式（示例见附录 F)。

2. 案卷级条目表格著录格式（示例见附录 G)。

3. 文件级条目表格著录格式（示例见附录 H)。

5.0.3 段落符号式著录格式

段落符号式著录格式将著录项目划分为四个段落。第一段落中档号、缩微号分别置于条目左上角的第一、二行，档案馆代号、存放地址号分别置于右上角第一、二行，电子文档号置于第二行的中间位置。第二段落从第三行与档号齐头处依次著录题名与责任者项、稿本与文种项、密级与保管期限项、时间项、载体与数量项、专业记载项、附注项，回行时，齐头著录。第三段落另起一行空两格著录提要，回行时与一、二段落齐头。第四段落另起一行齐头著录主题词，各词之间空一格。

1. 工程（项目）级段落符号式条目著录格式

档号　　　　　　　　　　档案馆代号
缩微号　　　电子文档号　　存放地址号
题名＝并列题名；副题名及说明题名文字：立项批准文号；工程规划许可证号；工程用地规划许可证号；工程用地许可证号；工程设计（勘察）编号；工程施工许可证号；竣工验收备案登记号；地形图号：工程地址/第一责任者；其它责任者．—密级；保管期限．—工程开竣工日期．—载体类型：数量及单位：规格．—专业记载．—附注
　　提要
主题词

2. 案卷级段落符号式条目著录格式

档号　　　　　　　　　　档案馆代号
缩微号　　　电子文档号　　存放地址号
正题名＝并列题名；副题名及题名说明文字：工程（项目）地址/编制单位．—密级：保管期限．—案卷内文件起止时间．—载体类型：数量及单位：规格．—附注
　　提要
主题词

3. 文件级段落符号式条目著录格式

档号　　　　　　　　　　档案馆代号
缩微号　　　电子文档号　　存放地址号
正题名＝并列题名；副题名及题名说明文字：文件编号/第一责任者；其它责任者．—稿本：文种．—密级：保管期限．—文件形成时间．—载体类型：数量及单位：规格．—附注
　　提要
主题词

5.0.4 段落符号式著录条目的形式为卡片式时，卡片尺寸一般为 12.5cm×7.5cm，著录时卡片四周均应留 1cm 空隙，如卡片正面著录不完，可接背面连续著录。

附录 A 房屋建筑工程（项目）级著录单

工程名称									
工程地点									
责任者	建设单位			文号项	立项批准文号				
	立项批准单位				规划许可证号				
	设计单位				用地规划许可证号				
	勘察单位				用地许可证号				
	监理单位				施工许可证号				

<table>
<tr><th colspan="9">专 业 记 载</th></tr>
<tr><th rowspan="2">单项工程名称</th><th rowspan="2">施工单位</th><th rowspan="2">建筑面积(m²)</th><th rowspan="2">高度(m)</th><th colspan="2">层 数</th><th rowspan="2">结构类型</th><th rowspan="2">开工时间</th><th rowspan="2">竣工时间</th></tr>
<tr><th>地下</th><th>地上</th></tr>
<tr><td></td><td></td><td></td><td></td><td></td><td></td><td></td><td></td><td></td></tr>
<tr><td></td><td></td><td></td><td></td><td></td><td></td><td></td><td></td><td></td></tr>
<tr><td></td><td></td><td></td><td></td><td></td><td></td><td></td><td></td><td></td></tr>
<tr><td></td><td></td><td></td><td></td><td></td><td></td><td></td><td></td><td></td></tr>
<tr><td></td><td></td><td></td><td></td><td></td><td></td><td></td><td></td><td></td></tr>
</table>

总用地面积		总建筑面积		幢数	
工程造价		工程结算			

<table>
<tr><th colspan="9">档 案 状 况</th></tr>
<tr><td>总卷数</td><td></td><td>文字（卷）</td><td></td><td>图纸张</td><td>底图（张）</td><td>照片（张）</td><td></td><td>底片（张）</td></tr>
<tr><td>录音带（盒）</td><td></td><td>录像带（盒）</td><td>光盘（盘）</td><td>计算机</td><td>磁带（盘）</td><td>缩微片</td><td>盘张</td><td>其它</td></tr>
<tr><td colspan="2">保管期限</td><td colspan="2">密级</td><td colspan="3">进馆日期</td><td colspan="2"></td></tr>
<tr><td colspan="9">移交单位</td></tr>
<tr><th colspan="9">排 检 与 编 号</th></tr>
<tr><td colspan="4">档　号</td><td colspan="5">缩微号</td></tr>
<tr><td colspan="9">存放位置起始号</td></tr>
<tr><td colspan="9">附　注</td></tr>
</table>

附录 B 市政基础设施工程(项目)级著录单

工程名称									
工程地点									
责任者	建设单位				文号项	立项批准文号			
	立项批准单位					规划许可证号			
	设计单位					用地规划许可证号			
	勘察单位					用地许可证号			
	监理单位					施工许可证号			
专 业 记 载									
单项工程名称	施工单位	结构类型	长度(m)	宽度(m)	高度(m)	跨径(m)	孔数	级别	荷载	净空

总用地面积		总建筑面积		总长度(m)	
开工时间		竣工时间	工程造价		工程结算

档 案 状 况							
总卷数	文字(卷)	图纸卷张	底图(张)		照片(张)		底片(张)
录音带(盒)	录像带(盒)	光盘(盘)	计算机	磁带(盘)	缩微片	盘张	其它
				磁盘(盘)			
保管期限		密级			进馆日期		
移交单位							

排 检 与 编 号			
档 号		缩微号	
存放位置起始号			
附 注			

附录C 城市管线工程(项目)级著录单

工程名称									
工程地点									
责任者	建设单位				文号项	立项批准文号			
	立项批准单位					规划许可证号			
	设计单位					用地规划许可证号			
	监理单位					用地许可证号			
	竣工测量单位					施工许可证号			
专 业 记 载									
单项工程名称	施工单位		地形图号		长度(m)	规格		材质	荷载
起 点			止 点			总长度(m)			
开工时间		竣工时间		工程造价			工程结算		
档 案 状 况									
总卷数	文字(卷)		图纸	卷张	底图(张)		照片(张)		底片(张)
录音带(盒)	录像带(盒)		光盘(盘)		计算机	磁带(盘)	缩微片	盘张	其它
					磁盘(盘)				
保管期限			密级			进馆日期			
移交单位									
排 检 与 编 号									
档 号					缩微号				
存放位置起始号									
附 注									

附录 D 建设工程规划管理档案项目级著录单

工程名称					
工程地点					
责任者	建设单位		文号项	立项批准文号	
	立项批准单位			规划许可证号	
	设计单位			用地规划许可证号	
	施工单位			用地许可证号	
				地形图号	
专　业　记　载					
建筑面积		幢　数	长　度		规　格
高　度		层　数	宽　度		级　别
跨　度		净　空	荷　载		
申请时间			工程造价		
批准时间			结构类型		
档　案　状　况					
文字(页)		图纸(张)	光　盘		磁　盘
保管期限		密　级			进馆日期
移交单位					
排　检　与　编　号					
档　号			缩微号		
存放位置起始号					
附　注					

附录E 建设用地规划管理档案项目级著录单

用地项目名称						
征地位置						
责任者	用地单位		文号项	立项批准文号		
	立项批准单位			规划许可证号		
	被征单位			用地规划许可证号		
	规划批准单位			用地许可证号		
				地形图号		
专业记载						
用地分类			征拨分类			
原土地分类			批准时间		用地面积	
档案状况						
文字(页)		图纸(张)		光盘	磁盘	
保管期限			密级		进馆日期	
移交单位						
排检与编号						
档号				缩微号		
存放位置起始号						
附注						

附录 F 工程(项目)级通用著录单

工程名称							
工程地点							
责任者				文号项			
专 业 记 载							
档 案 状 况							
总卷数	文字(卷)	图纸	卷 张	底图(张)	照片(张)		底片(张)
录音带(盒)	录像带(盒)	光盘(盘)	计算机	磁带(盘) 磁盘(盘)	缩微片	盘 张	其它
保管期限		密级			进馆日期		
移交单位							
排 检 与 编 号							
档 号				缩微号			
存放位置起始号							
附 注							

附录G 工程（项目）案卷级通用著录单

档　号		缩微号	
存放地址	库　　　列　　　节（柜）　　　层		
案卷题名			
编制单位			
载体类型		数量/单位	规格
卷内文件起始时间		卷内文件终止时间	
保管期限		密　级	
主题词			
附　注			

附录 H 文件级通用著录单

档　号		缩微号	
存放处		库　　列　　节（柜）　　层	
文件题名			
责任者			
文（图）号		文　本	
保管期限		密　级	
形成时间		载体类型	
数量/单位		规　格	
提　要			
主题词			
附　注			

附录 J 本规范用词说明

1. 为便于在执行本规范条文时区别对待,对要求严格程度不同的用词,说明如下:
1) 表示很严格,非这样做不可的用词:
正面词采用"必须";
反面词采用"严禁"。
2) 表示严格,在正常情况下均应这样做的用词:
正面词采用"应";
反面词采用"不应"或"不得"。
3) 表示允许稍有选择,在条件许可时,首先应这样作的用词:
正面词采用"宜";
反面词采用"不宜"。
表示有选择,在一定条件下可以这样做的,采用"可"。
2. 条文中指定按其他有关标准、规范执行时,写法为:"应符合……的规定"或"应按……执行"。

中华人民共和国国家标准

城市建设档案著录规范

GB/T 50323—2001

条 文 说 明

制 定 说 明

本标准是根据建设部建标［2000］25 号文的要求，由建设部城建档案工作办公室会同有关城建档案馆共同编制而成，2001年3月5日经建设部建标［2001］67 号文批准实施。

在编制过程中，规范编制组开展了专题研究，进行了比较广泛的调查研究，总结了多年来城建档案著录工作的经验，参考中华人民共和国档案行业标准 DA/T 18—1999《档案著录规则》，并以多种方式广泛征求了全国有关单位的意见，对主要问题进行了反复修改，最后经审定定稿。

任何单位或个人在使用本标准时，如遇到不确切或含混不清之处，请立即通知建设部城建档案工作办公室（地址：北京市海淀区三里河路 9 号，邮政编码：100835，电话（传真）：010—58933431），以便进行调查或采取适当的措施。

建设部城建档案工作办公室
2001 年 2 月

目　次

1 总则 …………………………………………………… 179
2 术语、符号 …………………………………………… 180
3 基本规定 ……………………………………………… 181
4 著录项目 ……………………………………………… 182
5 著录格式 ……………………………………………… 186

1 总 则

1.0.1 城建档案是城市建设的历史记录。城建档案管理是城市建设管理工作的重要组成部分。随着我国社会主义现代化建设事业的蓬勃发展和城市化水平的不断提高,城建档案的数量日益增加,其种类和载体形态日益丰富。对这些不断产生和纷繁复杂的档案资料的科学管理和有效利用,既是广大城建档案工作者的迫切愿望,也是社会主义现代化建设事业的迫切需要。近年来,各地城建档案部门在探索城建档案现代化管理方面作了大量努力,但由于缺乏全国统一的标准和规范,造成了大量低水平重复开发,严重影响了城建档案管理水平的提高。为了尽快规范城建档案管理工作,指导城建档案著录标引工作,提高城建档案现代化管理水平,建立健全全国统一的城建档案检索利用体系,真正实现资源共享,充分发挥城建档案在城市建设中的作用,特制定本规范。

1.0.2 本规范适用于各级各类城建档案管理部门对各个时期、各种载体的城建档案著录工作。本规范只规定了城建档案著录工作的内容、深度、范围等,不包含城建档案著录工作的组织方法,也不涉及城建档案的整理与分类要求。

1.0.3 城建档案著录除执行本规范外,尚应执行《档案主题标引规则》(DA/T 19—1999)、《中国档案主题词表》、《城建档案主题词表》、《城建档案分类大纲》、《城建档案密级与保管期限表》等规范或文件的规定。

2 术语、符号

2.1.4 工程档案

按照工程的建设过程，一个工程所形成的档案大致可分为四个方面：

1）工程准备阶段所形成的档案，包括工程开工前，在立项、审批、征地、勘察、设计、招投标等阶段形成的档案；

2）施工档案，指在工程施工过程中形成的文件；

3）竣工图，是真实反映建设工程施工结果的图样；

4）竣工验收档案，指在工程项目竣工验收活动中形成的档案。

2.1.5 案卷

案卷是档案的基本保管单位，它是立卷工作的成果，形式上可以分为卷、册、袋、盒等。

3 基 本 规 定

3.1.1 城建档案著录可以分为工程（项目）级、案卷级、文件级三级。其中，工程（项目）级著录是一个比较广泛的概念，它不仅指对一个建设工程档案的著录，还包括对围绕一个建设工程形成的规划管理档案、土地管理档案、建筑工程管理档案、工程勘测档案、工程设计档案等的著录，也包括对一个项目如：城建科研项目、环境保护项目档案的著录。总之，工程（项目）级著录是对一个工程或一个项目所形成的档案的著录，不管这个工程、项目所形成的档案是一份、一卷，还是若干案卷。

4 著 录 项 目

4.2.1 题名与责任者项

1. 题名

工程档案一般只著录正题名。工程（项目）级著录中题名一般由建设单位＋工程名称（或责任者＋事由）构成；工程地质、水文地质、市政、公用工程名称（题名）一般由地址＋工程（项目）名称构成，或由建设单位＋工程（项目）名称构成，必要时增加时间项；测绘项目名称一般由年代＋地址＋等级＋测量类型，或年代＋地名＋比例尺＋测量类型构成。建设单位必须写全称或标准简称。一个工程、项目的案卷的题名，其共性部分须保持统一性。同一工程项目的不同单项工程的题名，其共性部分也应统一。

原题名含意不清或无题名的，应重新拟写题名后再著录。并加"[ ]"号。

单份文件的题名不能确切反映文件内容时，原题名照录，并根据文件内容另拟题名附后，加"[ ]"号。无题名的单份文件，依据内容拟写题名，并加"[ ]"号。

2. 文件编号

案卷级著录不必著录文件编号。

4. 责任者

团体责任者必须著录全称，并且应著其对外公开名称，如"南京新联机械厂"，而非此厂代号"九二四厂"。

历代政权机关团体责任者，著录时其前应冠以朝代或政权名称，并加"（ ）"号。如"（民国）总理陵园管理委员会"。

个人责任者一般只著录姓名，必要时在姓名后著录职务，并加"（ ）"号。

文件所署个人责任者为别名、笔名等时，均照原文著录，但应将其真实姓名附后，并加"（ ）"号。

外国责任者，应著录各历史时期易于识别的国别简称、统一的中文姓氏译名、姓氏原文和名的缩写，一般采用名在前，姓在后的顺序。国别、姓氏的原文和名的缩写均加"（ ）"号。

未署责任者的文件，应著录根据其内容、形式特征考证出的责任者，并加"[ ]"号。经考证仍无结果时，以三个"□"代之。著录为"□□□"。

文件的责任者有误，仍照原文著录，但应考证出真实责任者附后，并加"[ ]"号。经考证仍无结果时，以三个"□"代之。著录为"□□□"。

5. 附件

文件正文后有多个附件时，应逐一著录各附件题名，各附件题名前均冠以"+"号。

4.2.4 时间项

著录时，年号应著录完整，如"1999年"，不应著录成"99"。个位数月、日前应加"0"，如"1999年1月1日"应著录为"1999.01.01"。

历史档案应著录原纪年，将换算好的相应公元纪年附后，并加"（ ）"号。例如：清乾隆十年九月二十六日著录为"清乾隆10.09.26（1745.10.21）"，又如："民国二十七年九月十八日"著录为"民国27.9.18.（1938.09.18）"。

没有形成时间或形成时间不清的文件，应根据其内容、形式、载体特征等考证出形成时间著录，并加"[ ]"号；或著录文件上的其他时间（收文时间、审核时间、印发时间等），并在附注项中说明。如考证无结果，且无其他时间，则以三个"□"代之，著录为"□□□"。

4.2.6 专业记载项

各专业记载项的含义如下：

1. 工程预算：由施工单位对该工程所作的预计造价。以万元为单位，保留小数点后二位。

2．工程决算：经有关方面审核后的工程造价决算。以万元为单位，保留小数点后二位。

3．建筑面积：指各层建筑面积的总和，各层面积按水平横截外墙周边计算。建设工程规划管理档案著录每个案件（项目）内核准的房屋建筑或市政设施总建筑面积。著录时以平方米为单位，取小数两位。

4．幢数：按一个建设项目实有建筑物的幢数著录，或按一项建设工程规划管理档案中核准的建筑物幢数著录。

5．层数：按建筑物的实际层数著录，以 0.00 为界，著录地上、地下层数。例：地上 12 层，地下 1 层著录为"：地上 12 地下 1"。同一建筑物（项目）按最高层次著录。同一项目中包括层次不同的多幢建筑物时，按层数最低和最高的著录，其间加"—"号，例如："：3—8 层"。

6．结构类型：建筑物的结构类型，指砖混结构、内框架结构、钢筋混凝土结构、钢筋混凝土剪力墙结构、简体结构、剪力墙结构、部分框支剪力墙结构、砌块结构等。构筑物的结构类型，指桥涵的结构形式，如横断面型式、河道护砌型式等。

7．长度、宽度、高度均以米为单位，著录到小数点后二位。地下建筑的高度按地下设施最低层地板的顶标高著录（负值）。

9．跨径：指桥梁主跨的长度，以米为单位，著录到小数点后二位。

10．荷载：指设计荷载，是桥梁、涵洞、管线等的承载能力。

11．规格：指桥梁、涵洞的孔洞数或指管线的直径和孔数等。直径以毫米为单位。多种规格可依次著录，规格之间用"；"号。

12．级别：指道路的设计等级。

13．净空：指常年水位或地面至桥底部的空间距离或梁底的标高。以米为单位，著录到小数点后二位。

14. 起点：著录管线工程的起始位置或地址。

15. 止点：著录管线工程的终止位置或地址。

16. 材质：著录管线材料类型。多种材质可依次著录。材质之间用";"号。

17. 工程造价：指进行某项工程建设预期花费的各种费用，它由设备、工器具购置费、建筑安装工程费用和工程建设其它费用构成。

18. 征拨分类：分征用和拨用、拍卖、转让，按实际情况著录。

19. 用地分类：指征地用途分类。根据《城市用地分类与规划建设用地标准》（GBJ 137—90）的规定，分居住、公共设施、工业、仓储、对外交通、道路广场、市政公用、绿地、特殊用地。

20. 原土地分类：指所征用土地原分类，根据《城市用地分类与规划建设用地标准》（GBJ 137—90）分菜地、水田、耕地、山林、非耕地、水面、城镇、其他。

21. 用地面积：按批准用地面积，并以用地分类分别计。以平方米为单位，取两位小数。

4.2.8 排检与编号项

6. 主题词

主题词对工程（项目）级著录为选择项。

案卷级的主题词除沿用工程（项目）级的主题词外，应着重反映案卷的基本内容，增加反映案卷内容部分的主题词。

同样，文件级的主题词除沿用案卷级的主题词外，应增加反映文件内容部分的主题词。

5 著 录 格 式

5.0.2 表格式著录格式为机读目录的首选格式。

1. 工程（项目）级条目表格著录格式

1）房屋建筑工程档案工程（项目）级表格式著录单，适用于各类房屋建筑工程档案的工程（项目）级著录。

2）市政基础设施工程档案工程（项目）级表格式著录单，适用于道路、桥涵、堤坝、烟囱等构筑物工程档案的工程（项目）级著录。

3）城市管线工程档案工程（项目）级表格式著录单，适用于地下给水、排水、供气、供电、供热、电信、工业管线等的工程（项目）级著录。著录单"专业记载"项中，"地形图号"按4.2.1题名与责任者项中"文件编号"的规定著录。

4）建设工程规划管理档案项目级表格适用于工程规划管理档案的项目级著录。

5）建设用地规划管理档案项目级表格适用于建设用地规划管理档案的项目级著录。

6）工程（项目）级通用表格适用于城市规划、园林绿化、科学研究、环境保护等类，无法以建筑物工程、构筑物工程、城市管线工程、建设工程规划管理、建设用地规划管理的专业特征来著录的其他城建档案的著录。可根据各类专业档案的实际情况，确定不同的专业记载项。

2. 案卷级表格适用于各类案卷的著录，为通用格式。

3. 文件级表格，以单份文件为著录对象，为通用格式。